解构主义视角下的《孙子兵法》英译研究

On the English Translation of *The Art of War*: A Deconstructionist Perspective

孙志明 著

东南大学出版社
SOUTHEAST UNIVERSITY PRESS

·南京·

内 容 提 要

本书从解构主义的理论视角,在简单梳理《孙子兵法》英译史的基础上,通过对具有代表性的《孙子兵法》的12种英译本的比较研究,剖析了《孙子兵法》中音译所体现出的翻译"边界"、《孙子兵法》意义流变所体现出的跨文化传播、《孙子兵法》副文本对正文文本意义的补充及演绎等,指出翻译的"解构"观的实质是一种兼容并包的开放性,中西文化交流应本着实事求是的态度及兼收并蓄的胸襟,并据此对中华典籍外译及"中国文化对外传播"提出较为合理可行的建议。

图书在版编目(CIP)数据

解构主义视角下的《孙子兵法》英译研究 / 孙志明著. — 南京:东南大学出版社,2023.5
 ISBN 978-7-5766-0372-9

Ⅰ. ①解… Ⅱ. ①孙… Ⅲ. ①《孙子兵法》-英语-翻译-研究 Ⅳ. ①E892.25

中国版本图书馆 CIP 数据核字(2022)第 227004 号

责任编辑:刘　坚(liu-jian@seu.edn.cn) 　　责任校对:子雪莲
封面设计:毕　真　　　　　　　　　　　　责任印制:周荣虎

解构主义视角下的《孙子兵法》英译研究
Jiegouzhuyi Shijiao Xia De《Sunzi Bingfa》Yingyi Yanjiu

著　者	孙志明
出版发行	东南大学出版社
社　址	南京市四牌楼2号(邮编:210096　电话:025-83793330)
经　销	全国各地新华书店
印　刷	广东虎彩云印刷有限公司
开　本	700 mm×1000 mm　1/16
印　张	12
字　数	230 千字
版　次	2023 年 5 月第 1 版
印　次	2023 年 5 月第 1 次印刷
书　号	ISBN 978-7-5766-0372-9
定　价	78.00 元

本社图书若有印装质量问题,请直接与营销部调换。电话(传真):025-83791830

前言

《孙子兵法》被译成英文迄今已有百余年的历史。在此期间,数十种译本相继问世,版本更是数以百计,形成了百花争艳的局面,同时也构成了一种较为独特的翻译现象。如何认识和理解《孙子兵法》译本多样化问题,解构主义为我们提供了极佳的观察视角。

本书在解构主义视角下,采用描述性翻译研究方法,选取《孙子兵法》英译中的音译、意义撒播以及副文本为研究对象,对代表性译本中的处理方法、手段进行分析、解释,借此探讨《孙子兵法》译本多样化问题。将解构主义运用于翻译研究,可以为我们呈现不同的翻译景象。解构主义认为,语言中不存在超验所指,能指与所指之间并不存在恒定的一一对应关系,语言通过延异生成意义。因此,意义是变化的、动态的、生成的,文本的意义也是如此。同时,本雅明和德里达各自有关"纯语言"和"巴别塔"的文化隐喻也表明,语言自"起源"处就是混乱的、分延的,人类语言从一开始就离不开翻译,而绝对的翻译又是不可能的。这样,翻译也就成为译者的责任,一项不可能完成的任务。就《孙子兵法》的英译而言,其文本的理解、语言的转换吸引着一代代译者投身其中。如果历时看待《孙子兵法》整个英译历程,那么其不同译本均可被视作原文文本的变体。各译本以自己的方式发掘、阐释原文文本的意义,而其副文本则遵循着替补的规律,即替代和补充,丰富原文以及源语文化的意象,有时也会使其发生扭曲。

全书共由7章组成。第1章绪论主要讨论选题来源、研究问题、方法、主要内容、创新点和意义等问题,廓清主体脉络。第 2 章为文献综述,重点对《孙子兵法》英译中有关译本情况以及英译研究情况进行了梳理,选出代表性译本作为课题研究样本。同时,还对解构主义在翻译研究领域的运用加以回顾,探讨其用于翻译研究的新的可能性。第 3 章为理论基础与分析框架部分,分别介绍了解构主义的语言观、哲学观和翻译观,并在此基础上形成本书的理论依据。第 4 章到第 6 章为本书的主体部分。第 4 章以《孙子兵法》英译中的音译现象为切入点,以本雅明"纯语言"相关理论为依托,并结合玄奘"五不译"音译理论,分析不同译者对音译内容和音译方式的选择,从人类总体语言的角度审视音译,归纳其对于人们有关翻译和语言本质认识的启示。第 5 章运用解构主义有关语言意义的延异、撒播理论,结合《孙子兵法》文本特点,探讨文本意义在翻译中的变化和迁移规律,同时有针对性地对典籍外译过程中应持的立场和态度提出建议。第 6 章将德里达解构主义中的替补理论运用于对《孙子兵法》英译本副文本的分析,解析副文本的各构成要素对于译文、原文乃至源语文化的反向塑造,进而呈现《孙子兵法》英译多样化的规律。第 7 章为结论部分,该部分对本研究进行总结并指出不足,同时结合翻译研究新动向指出改进空间。

　　解构主义运用于翻译研究,可以启发我们重新审视翻译中的各种关系,重置常见的二元对立,重视边缘声音。在解构主义视角下,《孙子兵法》英译的诸多现象可以得到较为合理的解释。文本的开放性允许多种解释的可能,也为不同译本的出现提供了空间,因为没有哪个译本可以被视作"唯一正确"的翻译。文化异质性在呼唤翻译的同时又阻止翻译。翻译中质与量这一对矛盾也使得各译本难以穷尽原文的"所有意义",同样为其他译本预留了空间。各个译本以自己的方式再现原文,塑造原文的不同意象,在丰富原文的文化内涵的同时也会扭曲原文的文化内涵。

前　言	1
第1章　绪论	001
1.1　选题来源、研究问题和方法	003
1.2　主要内容、创新性及意义	006
第2章　文献综述	011
2.1　《孙子兵法》英译及统计述介	013
2.2　《孙子兵法》的英译研究	022
2.3　解构主义翻译研究	027
2.4　本章小结	033
第3章　理论基础与分析框架	035
3.1　解构主义语言观	041
3.2　解构主义哲学观	048
3.3　解构主义翻译观	054
3.3.1　本雅明的翻译观	054
3.3.2　德里达的翻译"理论"	055
3.3.3　韦努蒂的译文"忠实"	058
3.4　本书的理据	060
第4章　边界：《孙子兵法》的音译现象	063
4.1　音译的身份之辨	067

4.2 玄奘"五不翻"原则与《孙子兵法》音译 …………………… 071
  4.3 音译中译者的主体性 …………………………………………… 077
    4.3.1 音译的符码选择 …………………………………………… 080
    4.3.2 音译的内容选择 …………………………………………… 083
    4.3.3 音译的原因探析 …………………………………………… 085
  4.4 本章小结 ………………………………………………………… 093

第5章 撒播：《孙子兵法》英译的意义流变 ……………………… 095
  5.1 孙武及其兵书的斑驳印迹 …………………………………… 097
    5.1.1 作为《孙子兵法》作者的孙武 ………………………… 097
    5.1.2 归名于孙武的《孙子兵法》 …………………………… 101
  5.2 《孙子兵法》文本的开放性 ………………………………… 103
    5.2.1 字词层面 …………………………………………………… 103
    5.2.2 句子层面 …………………………………………………… 107
    5.2.3 语篇层面 …………………………………………………… 112
  5.3 案例分析 ………………………………………………………… 114
    5.3.1 文本意义的撒播 …………………………………………… 115
    5.3.2 意义撒播的界限 …………………………………………… 123
    5.3.3 翻译中的撒播之辨 ………………………………………… 127
  5.4 本章小结 ………………………………………………………… 131

第6章 替补：《孙子兵法》英译的副文本 ………………………… 133
  6.1 《孙子兵法》译本的视觉意象 ……………………………… 136
  6.2 副文本中的《孙子兵法》"形变" …………………………… 144
    6.2.1 闵福德译本中的"诡" …………………………………… 145
    6.2.2 克里瑞译本中的"道" …………………………………… 150
  6.3 格里菲斯译本脚注中的"孙子"印象 ……………………… 155
  6.4 本章小结 ………………………………………………………… 161

第7章 结论 …………………………………………………………… 163
  7.1 本书总结 ………………………………………………………… 165
  7.2 不足与展望 ……………………………………………………… 170

参考文献 ……………………………………………………………… 173

表 目 录

- 表 2.1 吴莎、章国军二人《孙子兵法》英译本统计差异 …………… 16
- 表 2.2 sonshi 网站上《孙子兵法》译本排名变化情况 …………… 20
- 表 3.1 纽马克翻译方法 V 形表 …………………………………… 50
- 表 4.1 不同译本对"孙子"译名的翻译处理 ……………………… 75
- 表 4.2 不同译本对诸、刿的处理情况 ……………………………… 78
- 表 4.3 不同译本对镒、铢的处理情况 ……………………………… 84
- 表 4.4 不同译本音译类符数 ………………………………………… 86
- 表 5.1 不同译本对《九地篇》中"四五者(此三者)"的翻译处理 …… 118
- 表 5.2 不同译本对《九地篇》中"霸王(王霸)"的翻译处理 ……… 119
- 表 6.1 卡尔斯罗普译本(1905)与翟林奈译本(1910)封面信息对比 …… 137
- 表 6.2 格里菲斯译本脚注的分布情况 ……………………………… 156

图 目 录

图 6.1 闵福德 2008 年单译本封面 …………………… 139
图 6.2 闵福德 2009 年综合译本封面 …………………… 140
图 6.3 格里菲斯译本封面 …………………… 141
图 6.4 格里菲斯译本插图《孙子训吴王姬妾图》 …………………… 142
图 6.5 克里瑞 2003 年译本封面 …………………… 143
图 6.6 克里瑞 2003 年译本内插图《南宋陈容九龙图》(局部) ………… 143

第1章

绪 论

1.1　选题来源、研究问题和方法

作为中国历史上重要的军事文化典籍,《孙子兵法》自1905年首次由英国炮兵上尉E. F. 卡尔斯罗普(E. F. Calthrop)依照日语译本转译成英文以来,历经百余年时间,至今已经出现了138个英语版本。根据海外网站调查数据,在所有中国题材的图书中,其阅读和评价数量仅次于《道德经》,位列第二(何明星,李丹,2019)。这些数据说明,《孙子兵法》作为代表中国文化的重要典籍,在国际上具有广泛的传播和接受度。因此,研究《孙子兵法》的英译也就具有了重要的现实意义。

针对《孙子兵法》英译现象,不论人们之间存在何种讨论,一个不争的事实是,《孙子兵法》已经拥有众多的英译本。它们恰似原作"后起之生命"(afterlife)(Benjamin,2012:76),以各自不同的方式呈现在英语读者面前,对原作或解释,或替补,或"误读",这是《孙子兵法》英译的现实生态。英语读者对于《孙子兵法》的认识和理解,都是通过这一个个译本来完成的。在他们眼中,各个译本代表了原作,不管它们是"忠实"地反映了原作,还是对原作进行了"与时俱进"式的解读,它们"始终是汉英两种文化视野融合的产物,也是孙子原文的变体"(裘禾敏,2015:78)。换言之,译文读者对于原作的认识是通过译作来进行的。除非译文读者出于某种原因而去阅读原作,如译作令译文读者不满,或是译作引人入胜,激发了其阅读原作的兴趣等,否则译作即为原作代言,译作代表原作,成为原作的化身,这一点是不争的事实。

围绕着《孙子兵法》的英译实践,也出现了一些值得人们思考的现象和问题。如:为什么会产生那么多的英译版本?各版本之间的关系如何?除了有的学者主张的竞争之外,各译本还可能存在哪些关系,何以成形?随之而来的,是否某个译本已经成为绝对的权威译本,有没有再进一步对《孙子兵法》进行英译、研究的必要？是什么促成《孙子兵法》英译众彩纷呈的现状,除了外部显而易见的社会文化因素,还有无尚未发掘出来的其他原因呢?同时,在《孙子兵法》的众多英译实践之中,传统译论当中的一些二元对立关系,如原文和译文、源语和译语、直译和意译等等,其实际的翻译生态是怎样的?它们之间是否截然对立?《孙子兵法》丰富的英译实践、译本及案例也为我们回答这些问题提供了极好的观察机会。

此外,在 www.sonshi.com(以下简称"sonshi 网站")这个自称最大的《孙子兵法》英文研究网站中,列举的重要译本中竟然没有包括中国译者的译本,显然有失公允,这种现象同样也值得关注。有些中国译者的译本,虽然在国内叫好声一片,但实际在国外的传播与影响并不太理想,比不上由英美本土译者翻译的译本,随之也产生了中国经典典籍应该由中国译者还是由外国译者进行翻译的争论。这样,如何认识《孙子兵法》的英译现象已经不仅仅是这一部作品的英译问题,在一定程度上还事关中国典籍如何走出去的大计。因此,《孙子兵法》英译问题研究就具备了一定的代表性。本书也尝试对以上问题进行思考和探讨,以期对中华文化及文明的传播与推广有所裨益。

解构主义创始人德里达对海德格尔(Martin Heidegger)的"存在"思想和索绪尔(Ferdinand de Saussure)的结构主义语言学进行了继承与批判,从语言层面入手,对结构主义理论进行消解,并在其基础之上进一步发展,提出"延异"(différance)的概念,进而消解西方传统哲学中的言语中心主义[1]、逻各斯中心主义,重视差异性、多样性、他者声音,这为我们理解《孙子兵法》英译现象提供了不同的认知视角。国内在引介解构主义理论时,往往夸大其消解功能,对于其积极意义却认识不足。事实上,解构主义的延异、印迹(trace)[2]、撒播(dissemination)、替补(supplement)等概念可以较好地运用于翻译研究领域,从语言意义的生成机制层面解释《孙子兵法》英译译本不断推陈出新的原因。而在此基础之上产生的文本无定解的认识也鼓励不同译者发挥自身主体性,对原作进行理解和表达。需要说明

---

[1] 言语中心主义又称语音中心主义,也被认为是逻各斯中心主义的代名词。言语中心主义认为言语等同于思想,语言是思想的直接反映,在言语与书写的二元对立中,言语是第一位的,而书写是对言语的模仿,因而是附属的、第二位的。德里达反对言语中心主义,认为言语并不天然地比书写优越,言语反而也具有书写的特征,并提出元书写或大写的书写的概念。

[2] 另有翻译为"踪迹"。

的是，不应将这里的无定解绝对化，认为可以对文本进行任意解读，这样就曲解了解构主义的解构精神。"无定解"实际是否定文本的绝对意义或唯一意义，提倡在充分考察文本语境的情况下发掘文本意义。在解构主义翻译观的观照下，由于文本意义的不唯一性，原文与译文之间的关系不再是一对一的跨语言文本"复制"，两者间更像是一种基因传承的关系，译文继承了原文的基因，同时也受其他方面因素的影响，进而成为一个新的个体，拥有了自己的生命，而原文也因为译文这"后起之生命"而得以传承和壮大，获得了新的生命力。这种认识视角重塑了原文、译文之间的关系，也很好地解释了《孙子兵法》英译本层出不穷的原因。此外，解构主义消解并重构二元对立中的主次关系，重视差异性，重视边缘对象、他者声音，可以引发我们新的思考，如译本中的副文本对译文、原文乃至源语文化有怎样的反向作用，又如何认识在西方话语语境中失声的中国译者在典籍外译中的作用。同时，在这些思想之上发展起来的诸如女性主义翻译理论、后殖民主义翻译理论等都与解构主义有着千丝万缕的密切联系。葛校琴教授就曾指出，"德里达对确定意义和菲逻各中心主义的解构，成为女性主义和女性主义翻译的理论依据和实践目的"（葛校琴，2003：38）。这些理论可以在对不同时期译者的翻译动机、翻译策略等进行研究时引为借鉴。

另外，《孙子兵法》原文字数不多，虽然各个汉语底本之间略有出入，但差别不大，均在6 000字左右。相应地，各个英文译本规模也有限，这也提高了笔者对《孙子兵法》多个英文译本进行比较研究的可行性，自然也就成为笔者选取《孙子兵法》英译作为研究对象的一个重要原因。

基于以上考虑，本书计划以《孙子兵法》英译现象为研究对象，通过解构主义视角，尝试对《孙子兵法》英译现象进行分析研究，揭示《孙子兵法》英译背后不同的图景画面。本书关注的问题包括：

（1）《孙子兵法》译本多样性在不同层面有怎样的表现，其背后的内在成因和机制是什么，各译本相互之间存在怎样的关系；

（2）在译本多样性背后，译本各相关要素对于原文文本、源语文化的形象塑造发挥了何种作用以及怎样发挥作用；

（3）就以《孙子兵法》为代表的典籍外译而言，如何对待伴随着译本多样性产生的文化形象扭曲现象。

本书运用到的研究方法主要为文本细读法和翻译现象描述法。这里的文本细读法,其对象不仅包括各个译本译文本身,还包括与译本相关的各种副文本,分为内部和外部副文本。由于《孙子兵法》的很多译者已经过世且缺乏沟通渠道,我们很难从译者那里知晓他们在从事《孙子兵法》英译时的心路历程、选择动机,所以文本就成了我们得到相关信息的重要途径。通过文本细读,我们可以发掘细节问题和现象性问题。同时,通过《孙子兵法》英汉两种文本之间的对比阅读,我们可以了解译者在处理相同信息时选择上的差异,再结合副文本提供的相关信息,我们可以得到一定的规律,以使将来的典籍和文献翻译有所借鉴。

翻译现象描述法遵循的则是描述翻译学的研究路径,它跳脱了原来语言学翻译研究范式下对于对等、一致等的规约性要求,允许并记录翻译中一些边缘的、杂芜的现象,反映翻译的现实生态,而不是为了提出某些规定、规律对翻译现象进行削足适履式的切割、划分。在前述基础上,本书对相关细节和现象进行梳理、归纳和描述,然后运用解构主义相关理论进行解释,力争在最大程度上避免人为因素的干扰,做到相对客观。

1.2 主要内容、创新性及意义

《孙子兵法》英译已有百余年的历史,在此期间涌现出众多译本,呈现百家争鸣之势。出现如此数量规模的译本,一方面这与中国的长足发展不无关系。1905年,卡尔斯罗普翻译《孙子兵法》,是因为日本在日俄战争中取得了胜利,激发了其研究并翻译《孙子兵法》的兴趣,卡尔斯罗普也因此成为《孙子兵法》英译的先行者。这部中国军事正典的首个英译本竟然以对日语文本进行翻译的方式进入英语世界,这种反常情况本身就颇具解构的意味。而近数十年来,《孙子兵法》英译本数量的急剧增长,则很大程度上是由于中国推行改革开放政策,打开国门,国力日盛,人们越来越关注中国,有关中国的话题愈发引起西方社会的兴趣,而《孙子兵法》作为中国古代军事文化典籍也自然吸引了众多研究者的目光。这是《孙子兵法》译本众多的外部客观因素。另一方面,《孙子兵法》有如此众多的英译本,还要归因于其文本结构的开放性,为不同译者提供了阐释的空间,是文本自身属性使然,是为内因。

第 1 章 绪论

此外,不同译本之间除了竞争关系,还存在互补关系。这种互补关系一方面表现为后世译本在已有译本基础上的借鉴和改进,另一方面还可表现为对原文的不同解读和处理方式。从解构主义的视角去审视《孙子兵法》的英译,可以很好地解释其中的一些现象,并带来新的启示。

本书共分 7 章:

第 1 章为绪论,该部分介绍了选题来源、研究问题和方法,并对主要内容、创新性及研究意义等加以说明。

第 2 章为文献综述部分,共分三小节。第一小节首先在前人研究的基础上简要梳理《孙子兵法》的英译历史,《孙子兵法》英译初期译本数量虽然不多,但其中不乏代表之作。在中国实行改革开放政策之后,国力日增,对外交流增多,西方世界对中国产生较为浓厚的兴趣,了解中国文化与历史的意愿增强,《孙子兵法》绝大部分英译本也产生于此后这个时期。第二、三小节分别对《孙子兵法》的英译研究情况和解构主义翻译研究情况进行了汇总梳理,指出前期研究的不足,并提出本书意在改进之处。

第 3 章为理论基础与分析框架部分,分别介绍了解构主义的语言观、哲学观和翻译观。本书认为,解构主义实际在这三个层面上与翻译研究产生联系,对后者都有一定的解释力,并在此基础上提出了研究理据。

第 4 章以《孙子兵法》的音译现象为切入点,并结合、借鉴唐朝玄奘"五不译"等音译理论,探讨了音译的地位、所折射出来的语言间关系、各译本音译项的选择及其反映出来的译者策略等内容。语言并非一成不变的拥有固定边界的实体,在翻译过程中两种语言也相互作用、相互影响。作为一种特殊的翻译现象,音译词也会随着翻译进入译入语语言体系之中,并在其后经历不同的命运。有的会经过消化吸收成为译入语的一部分,有的则退出流通市场,不再使用。音译标示着语言间的差异,而这种差异或曰异质性恰恰是翻译需要交流沟通的内容。于是,音译成为连接两种语言的桥梁,表征着本雅明所言的"意指方式"在两种语言间的转换,同时也集中体现了"可译性"与"不可译性"的交汇。

第 5 章从解构主义语言观入手,分析意义的不确定性,以《孙子兵法》中一段文字的理解与翻译为案例,因小见大,分析语言符号能指与所指关系的任意性对翻译所产生的影响，指出语言的意义从历时来看是不断变化的，对同一段文字的理解也会产生差异。但是，理解应该置于一定的语境下进行，不能强行赋义。此外，本章还在此基础上进一步讨论了典籍外译应持的态度、立场。翻译是为了交流，但翻译的完成并不意味着交流的结束。

第6章引入德里达的"替补"机制重构翻译中的二元对立关系，特别是译本中副文本与正文本即译文这一组二元对立关系，研究《孙子兵法》译本副文本对译文、原文、作者乃至中国形象的反向"塑造"。在传统译论中，译文往往被视为原文衍生出来的副文本，而译本副文本则因此称得上是副文本之副文本。但事实上，译本副文本并不单纯附属或依附于译文，它可以被视作是对译文的替补，还间接或直接地对原文乃至源语文化起着不容小觑的反拨作用，影响着译文读者对阅读的认知。原文及源语文化经过译本副文本的折射，会发生一定的形变，严重情况下还会产生扭曲。通过对其进行研究，可以析出译者以及译入语文化对于原文的认知和翻译策略。而这种认知也会以副文本的形式反映出来，进而对译文读者产生影响，因而值得引起注意。

第7章为结论部分，该部分对本书进行总结并指出其不足。对于意义交流的渴望成为《孙子兵法》英译的内在动力，而意义的不确定性和交流的不充分又促使译者不断对其意义进行挖掘，从而形成《孙子兵法》英译多样化的局面。放在文化交流的大背景下，我们应该拥抱这种多样性，促进交流，在不断对话中加深对于彼此的理解。此外，该章还提出，本研究在结合语料库翻译研究以及翻译过程研究方面存在改进的空间。

本研究的创新性在于：

首先，是对《孙子兵法》英译研究在研究视角方面的创新。解构主义有助于我们重新审视《孙子兵法》英译现象和问题。解构主义消解了逻各斯中心主义，消解了二元对立，重视差异性、他者声音，有助于我们怀揣质疑和批判精神审视问题，跳出固有窠臼，重新理解和解读翻译及语言背后的一切。

其次，在研究对象方面，本研究将《孙子兵法》12个译本纳入研究视野，与已有的《孙子兵法》英译研究著作和论文相比，扩充了译本研究的数量。在译本选取原则上，除了《孙子兵法》研究网站——sonshi网站推荐的7个译本，本研究还吸纳了

第1章 绪论

卡尔斯罗普译本、翟林奈译本这两个最早的译本,以及3个由中国译者翻译的译本,做到了古今中外兼收并蓄,顾及了译本覆盖的全面性和代表性,使得相关分析更具有说服力。

最后,在探索解构主义运用于翻译研究的方式上有一定创新。如前所述,解构主义可以在哲学、语言以及翻译三个层面切入《孙子兵法》的英译研究,而这三个层面又不能断然分开。通过对言语中心主义的解构,解构主义把批判矛头指向西方的逻各斯中心主义,同时,解构主义也通过言说翻译来探讨哲学。而作为一种社会实践活动,翻译活动本身及其理论概括又都离不开语言。因此,在展开论证时,本书既有形而下的文本细读,又有形而上的哲学思考,力求将三者融合在一起,而不是就翻译而论翻译。此外,本书并没有求大求全,以覆盖《孙子兵法》英译的方方面面,而是选取三个点切入。这是因为,大而全且完全自洽的解释并非解构主义的追求目标,甚至与其议程背道而驰。发现整体中的异质成分,挖掘被压制的他者声音,这才是解构主义的应有之义。解构主义大师德里达本人就擅长从细微处见真义,而本书选取的三个切入点——音译、多义性、(译本)副文本——相对而言均是《孙子兵法》英译研究中的偏锋,再辅之以解构主义的解读视角,可以提供对语言以及翻译不同的理解。

将解构主义运用于《孙子兵法》的英译研究是一次有益尝试。从不同视角去审视《孙子兵法》的英译也将产生不同以往的"化学"反应。同时,本书还提醒我们审视语言间的差异与联系,对于定位以《孙子兵法》为代表的中国传统文化典籍的对外翻译有着较为重要的启发意义。

第 2 章

文献综述

2.1 《孙子兵法》英译及统计述介

据记载,最早将《孙子兵法》介绍给西方世界的是法国传教士阿米奥,译介语言为法语。而《孙子兵法》的第一个英文译者为英国炮兵上尉卡尔斯罗普。1905年,卡尔斯罗普把《孙子兵法》译成英语,但该译本(卡氏译本)译自日语底本,属于转译,且颇有不足,为人所诟病(Sun-Tzǔ,1910)。然而,这毕竟是《孙子兵法》的首个英译本,具有重要的纪念意义。该译本书名中的Sonshi(由日语转译的孙子音译)还被后人用作《孙子兵法》研究及资源应用网站的名称。在意识到自己的第一个译本存在不足的情况下,卡尔斯罗普追本溯源,着手从中文再次翻译《孙子兵法》,并于1908年推出了第二个译本。卡氏重译的书名为《兵书:远东兵学经典》(*The Book of War: The Military Classic of the Far East*),该书中除《孙子兵法》英译文外,还包括吴起的兵法译文。较之第一个译本,该译本有了较大改善,但同时也产生了一些新的问题。例如,较为明显的一处错误是,卡尔斯罗普对《始计篇》中出现的"阴阳"二字在脚注中进行了解释,但却把二者的概念恰恰弄反了①。

翟林奈也认为卡氏译本错讹颇多,而《孙子兵法》应该像古希腊、拉丁经典作品那样得到应有的尊重和翻译处理。出于对卡氏译本的不满,翟林奈于1910年推出了自己的译本(翟译本)。翟林奈与中国的渊源颇深,其父翟理斯(H. A. Giles)为汉学家,曾长期在中国任职,并任剑桥大学中文教授。翟林奈本人生于中国,亦具有深厚的汉学素养,曾就职于大英博物馆东方印本与写本部。翟译本具有鲜明的特点。在译文

---

① 该处脚注位于卡译本(1908)第18页,内容为:The Yin and Yang are the two principles into which natural phenomena are divided in Chinese philosophy. <u>Yin is the masculine, active, or light principle, and Yang is the feminine, passive, or dark principle.</u> In this connection, day and night, rain, mist and wind are designated. 下划线(本书作者所加)部分明显可见卡尔斯罗普颠倒了"阴""阳"两个概念。

正文部分,翟译本在同一页面安排中文原文、译文和译者评注,原文与译文均进行了对应编号,以方便两者对照,译文和译者评注以不同字体进行区分,在评注部分,翟林奈结合前人评注给出自己对原文的理解和处理理由,且直接引用相关汉语原文来说明问题,体现了译者的严谨性。此外,翟译本在译文后还附有《孙子兵法》原文汉字检索和译文英文检索,并编有页码,以方便读者查阅检索。总之,该译本较之卡氏译本有了长足的改进,在西方世界确立并长期保持了《孙子兵法》权威译本的地位。

按照格里菲斯(Samuel B. Griffith)的说法,在翟林奈之后至1963年格里菲斯译本问世之前,共出现3个英文译本,译者分别为马切尔-考克斯(E. Machell-Cox,1943)、萨德勒(A. L. Sadler,1944)、郑麐(Cheng Lin,1945),3个译本均出版于二战期间。萨德勒译本仓促完成,考克斯调整了许多章句的位置,有的则并入自己设置的章节,而郑麐对英文的掌握一般,所以"其译本没什么价值"(Sun Tzu,1963:182)。

格里菲斯1963年译本(格译本)可以说是《孙子兵法》又一里程碑式译作。格里菲斯生于1906年,为美国职业军人,最高军衔至海军陆战队准将,于1956年退役。1958年,格里菲斯被录取为牛津大学的汉学博士研究生,主修中国战争(奥多德,1991)。格里菲斯1963年译本是在其于1960年提交的博士论文基础上经大量修改而成的。格里菲斯军人兼学者的双重身份,加上其在中国学习中文并驻扎工作的经历,使得其译本别有一番特色。事实上,格里菲斯着手对《孙子兵法》进行的翻译,断续贯穿着一条他对游击战研究的主线。因此,实用性以及贴近军事自然是格里菲斯译本的首要选择,从译本中可以看到他对原文内容的删减以及位置调整,以使译文符合自己的理解逻辑;同时,攻读博士学位的学术要求又驱动他对《孙子兵法》的原文内容和成书背景做多方考证。这看似矛盾的两个方面较为突出地体现在格里菲斯译本当中,构成了格译本的特色,集中体现了译者作为职业军人兼学者的双重身份对于译本的影响,而该译本也被联合国教科文组织列入中国代表作翻译丛书(潘嘉玢、刘瑞祥,1991:40)。

1972年,山东临沂银雀山汉墓出土了《孙子兵法》与《孙膑兵法》两部兵书。这一重大考古发现一方面证明了两部兵法各自存世,证伪了过去人们所持的二者实为同一兵书的观点。另一方面,简本兵法也为孙子研究以及《孙子兵法》翻译提供了新的素材。此后,随着我国改革开放政策的推行,综合国力不断提高,对外交流日益增多,中国也逐渐走向世界舞台的中央,国际社会对中国也愈加关注。在此大

第 2 章 文献综述

背景下,《孙子兵法》成了了解中国的一扇窗口、一条路径,以《孙子兵法》为代表的中国传统文化典籍也越来越受到重视,其英译本也更加丰富。《孙子兵法》英译此后呈井喷之势。按照相关学者的研究统计,《孙子兵法》英译本的数量迄今"已经达到 50 多个"(罗天、张美芳,2015:51;郑建宁,2019:182),这还仅仅是按照每个译者一种版本的计量方法得出的结果,也就是说不包括某些译者个人的重译本在内,如卡尔斯罗普就分别于 1905 年和 1908 年推出两个译本,按上述原则,就只能计作一个译本。但如前所述,这两个译本参照的底本不同,且后者还加入了吴起兵法,二者之间有了很大不同,虽出自同一译者之手,但理应被视作两个译本。而在这 50 多个译本中,出自"创作空间"独立出版平台的多达 8 个,且集中出现于 2009 年以后。得益于其他学者的前期研究(郑建宁,2019;张其海,2019;王铭,2005;裘禾敏,2011;吴莎,2012;章国军,2013 等),我们可以得知,《孙子兵法》迄今为止的英译本大部分都出现于这一阶段。在这众多译本中,据笔者结合多方面数据统计,以 1972 年为分界点,此前近 70 年时间(1905—1972),共有 8 个《孙子兵法》英译本问世(分别为卡尔斯罗普,1905、1908;翟林奈,1910;Machell-Cox,1943;A. L. Sadler,1944;郑麐,1945;格里菲斯,1963;唐子长,1969),而此后至今不到 50 年的时间,却有计 51 种译本之多,更有一些年份出现同年出版多个译本的情况,前后对比的数据悬殊之大可见一斑。虽然在这些译本之中,有些按照严格标准应予以剔除,但并不会对总体的数据比例构成太大影响。

由于各学者研究的目的和关注的重点不同,他(她)们所统计译本的具体数字也有所出入。例如,王铭统计的译本数量为 16 个,吴莎为 33 个,而章国军提及的译本数量为 36 个。王铭从其历史学学科背景出发,把 20 世纪《孙子兵法》英译分为草创期(20 世纪初)、展开成熟期(二战及以后)和繁荣期(20 世纪 80 年代以后)三个时期。其中,第二个时期即展开成熟期,相关章节标题为"展开成熟期:二战期间及以后军界对《孙子兵法》的重视"(王铭,2005:9)。为突出该节主旨,王铭把 1987 年出版的袁士槟译陶汉章将军的《孙子兵法概论》纳入该节,同时定小节标题为"陶汉章著《孙子兵法概论》的英译本"(同上:12)。这样一来,展开成熟期和繁荣期两个时期就出现了时间上的交叉重叠。从内容上来看,陶汉章的军人身份符合王铭对于第二个时期译本特点划分的要求。但在时间方面,袁士槟 1987 年译本晚于詹姆斯·克拉维尔(James Clavell)1981年译本,被归入展开成熟期,而克拉维尔译本则归入其后的繁荣期。同时,除了时间先后顺序上的混乱之外,王铭定的小节标题名称也具有一定的误导性。袁士槟译本的内容实际分为两部分:一是《孙子兵法》的译文,二是陶汉章《孙子兵法概论》经调整后的文本译文。在《孙子兵法概论》中,《孙子兵法》只作为该书的附录内容出现。而在袁士槟译本中,顺序进行了调整,兵法译文在前,陶氏概论部分在后,二者的主次地位也发生了变化。但当王铭把小节标题定为"陶汉章著《孙子兵法概论》的英译本"后,则该译本翻译底本看上去就变成陶汉章的《孙子兵法概论》,而非严格意义上的《孙子兵法》,实系因题害义。

吴莎、章国军师出同门,均为屠国元教授的博士,且二人的博士学位论文晚出,统计数据更为全面,他(她)们在译本的数量统计上大体相仿。但仔细比对二人所统计的《孙子兵法》译本,仍然存在不小差异。

表2.1 吴莎、章国军二人《孙子兵法》英译本统计差异①

	年份	译者
章国军有而吴莎无的译本	1908	E. F. 卡尔斯罗普(E. F. Calthrop)
	1991	梁荣锦(Leong Weng Kam)
	1992	蒲元明(Pu Yuanming)
	1993	潘嘉玢、刘瑞祥(Pan Jiabin, Liu Ruixiang)
	1994	布赖恩·布鲁雅(Brian Bruya)
	1995	张惠民(Zhang Huimin)
	1996	罗志野(Luo Zhiye)
吴莎有而章国军无的译本	2004	马克·A. 摩尔(Marc A. Moore)
	2007	小霍勒斯·E. 寇克罗夫(Horace E. Cocrof, Jr.)
	2008	托马斯·胡恩(Thomas Huynh)
	2008	安东尼·亨利·约米尼(Antoine Henri Jomini)
	2009	乔纳森·马考与马奎斯·杰里尔(Jonathan Makah & Marques Jalil)
	2009	菲利普·马丁·麦考雷(Philip Martin McCaulay)

① 本表根据吴莎与章国军两位学者的博士学位论文内容拟制而成。

两相比较,吴、章二人统计数据存在以下几个方面的不同。首先,吴莎没有把卡尔斯罗普1908年重译本列入。从吴莎对译本的统计情况看,各译者(团队)仅统计一个译本,重译本并不计算在内。但是,如前所述,卡氏1905年译本是据日文版《孙子兵法》转译而成的,1908年译本则是根据中文版《孙子兵法》翻译完成,二者翻译底本不同,且存在较大差异,因此理应被视作两个译本。

其次,章国军更加关注华人译者翻译的译本。章国军统计的华人译者译本比吴莎多5个。其中,梁荣锦译本(梁译本)是以"台湾著名漫画家蔡志忠的漫画册《孙子说:兵学的先知》为翻译底本"(章国军,2013:128)。章国军从误读理论视角研究《孙子兵法》英译,重在探索后世译本如何对前驱译本进行突破。章国军从破立角度出发,为说明问题,在译本选择上容易出现扩大范围的情况。鉴于翻译底本发生了重大变化,蔡氏"将《孙子兵法》原文改写为漫画中的文字解说或人物对白、告白或独白,并为有些漫画设计了人物对白、告白或独白"(同上),梁译本充其量只能算借用了《孙子兵法》这个名称符号,该译本能否被视作《孙子兵法》译本似乎有待商榷。同样,布鲁雅译本也属于同类情况,系据蔡志忠漫画翻译的漫画译本。另外,潘嘉玢和刘瑞祥译本由军事科学出版社于1993年出版,在作为单行本出版发行之前,早先曾作为附录被收入吴九龙主编的《孙子校释》一书,为该书所收录的《孙子兵法》6种语言(英、法、俄、日、意、阿)译本中的一种,可能这是吴莎并没有将其列为《孙子兵法》译本的原因之一。潘、刘译本与袁士槟译本在选词、句式等方面有较多相似甚至相同的地方,因为晚出,可能对袁氏有所借鉴,但在较多表述上亦有自己的创新之处,可以说是在前人译作基础上的一种改进,应该视为一种独立译本。

最后,二人的统计范围不同。章国军统计到2007年,而吴莎则统计到2009年。在2007年至2009年之间,吴莎比章国军多统计5个译本,且吴莎有而章国军无的译本主要集中于这一时间段。另有2004年摩尔译本也没有被章国军收录。章国军统计的译本中还包括了一些同一译者的重译本,如除前面提及的卡尔斯罗普译本外,林戊荪译本也统计了两次,分别为其2001和2007年译本。但据其他学者(郑建宁,2019:184)的发现,林戊荪早在1999年就通过外文出版社出版了自己的译本。这也说明,由于研究人员开展研究的时间不同、占有资料的丰富程度不同,《孙子兵法》英译本的统计数目也会出现不同。

此外,两位学者在统计时都收录了克拉维尔译本,但克拉维尔只是对翟林奈译本加以编辑,"进行了一些改写"(王铭,2005:13),虽然英译文之间有所差异,但能否将该译本作为一个单独译本值得商榷。又如二人都统计了史蒂芬·F.考夫曼(Stephen F. Kaufman)译本。考夫曼以一种较为务实态度的对《孙子兵法》进行认识和理解,他认为成年人应该形成自己对《孙子兵法》独立的理解和解读,不必因循古人。而在其译本中,《孙子兵法》改头换面,成为如何应对生活中的冲突之书,如原文《始计篇》开篇句"兵者,国之大事,死生之地,存亡之道,不可不察也",考夫曼译本中的对应译文为:"Conflict is essential to the development and growth of man and society. It leads either to the construction or destruction of an entire group or state. As a leader of men, you should understand this concept without question."。可见,作为国之大事的战争已经变为"对于个人和社会的成长和发展极为重要的冲突"。考夫曼重点关注《孙子兵法》在现代社会中的化用,突出其实用性,其版本至多只可被视作托孙子之名而兜售自己见解的对《孙子兵法》的改写(adaption)。

从以上分析的情况看,由于研究的侧重点不同、标准不同,不同学者得出的统计数据也有所不同。但不可否认的是,自二十世纪七八十年代以来,《孙子兵法》英译本数量迅速增加,《孙子兵法》英译也确如王铭所言,进入了"繁荣期"(同上:12)。

《孙子兵法》英译本数量众多,各个译本均有各自不同的特点,以不同的方式被世人铭记。例如,卡氏译本虽然本身存在不少错误,但其1905年版本是《孙子兵法》的首个英译本。西方世界最大的孙子兵法研究网站www.sonshi.com就是依照卡氏译本来确定自己的网站名称的。因为卡氏首个译本,即1905年译本译自日文版本《孙子兵法》,所以披上了日语色彩。虽然其第二个译本,即1908年译本参考了中文,但其译本的日本烙印却挥之不去。而国内外《孙子兵法》研究也绕不开卡氏译本,如李零、王铭、翟林奈、格里菲斯等均对其有所提及。翟林奈更是对卡尔斯罗普译本极为不满,于1910年推出了自己的译本,并在译本中对卡氏译本多有批评。翟林奈认为卡氏译本"糟糕透顶",而"孙子应该得到更好的对待"(Sun-Tzǔ, 1910:ⅷ),他自己的译本肯定要好于前人。但在格里菲斯看来,如果翟林奈在自己的翻译上花更多心思,而不是诋毁他人的译作,他的翻译还会有所改进。其言下之意可想而知,"即使翟林奈 1910 年的英译本也有许多不尽如人意之处"(Sun Tzu, 1963:X)。

但从影响力角度而言,不同译本必定有大有小,相互之间也存在一定的竞争关系。章国军就从误读理论视角出发,研究后世译本如何创新、另辟蹊径,从而在与前驱译本的竞争中赢得一席之地。后来译者也是在对前代译者进行批判和借鉴的基础上进行翻译,多个译本之间或隐或显地存在这种关系。章国军将罗新璋教授有关复译的观点提炼为"复译竞争观"(章国军,2013:43)。但是,必须看到,各个译本之间又不只是单纯的竞争关系。竞争关系更多体现的是译者及译本的社会属性。不同译者在着手《孙子兵法》翻译时,并不一定必然地把某个前驱译本确定为竞争对手,而前期译者虽然在时间上占得先机,但也未必就能够充分利用这种优势,不给未来译本留下可以阐释发挥的空间。历时地看,不同译者从事《孙子兵法》的英译活动有先有后,但就某个译者而言,其在从事翻译时更多面对的则是当下,是《孙子兵法》的原作本身,关注的是如何挖掘并传递种种意义的可能,而不是时时都把可能潜在的竞争对手放于心中。

《孙子兵法》英译本层出不穷,很大程度上也是由于原文结构的开放性,为不同阐释预留了空间。各个译本并不能完全穷尽原文的释义可能。由于语言间意指方式的差异,每个译本在做出一种阐释的同时,也就意味着放弃了其他阐释的可能性。不同译本在不同程度上互相替补,体现着不同的阐释和翻译可能性。从这层意义上来看,不同译本之间除了竞争之外,还呈现出一种互补性。同时,由于翻译中其他语言的介入,还有可能使译文产生原文并不具有的意义效果。"复译竞争观"更多是从社会学角度来展现译本间的竞争关系,而竞争就意味着胜负、高下、优劣。这样的做法也就间接地承认唯一正确译本的存在,其自然结果就是会确认某一译本要优于其他译本。从这层意义上看,"复译竞争观"过度突出了译本间的竞争关系,却抹杀了替补或者合作关系。事实上,《孙子兵法》之所以出现如此多的译本,也恰恰说明没有所谓的终极译本。各个译本以自己的方式增益《孙子兵法》在英语中的呈现方式,它们构成了某种译本合集或家族,并共同最大限度地趋近原文,体现原文解释的开放性与可能性。不同译本有各自不同的可取之处,但同时又不可避免地存在某种固有的缺憾与不足,而其他译本却体现了不同选择的可能性。

由于《孙子兵法》英译本数量众多,本研究不可能穷尽所有译本。因此,我们参照了 sonshi 网站的推荐榜单情况。该网站创建于 1999 年,迄今已有 20 余年历史,致力于《孙子兵法》的研究和实际应用。网站还创办了《孙子兵法》网络学习课程,对 40 多位知名的现当代作家、学者以及《孙子兵法》译者进行访谈,供网民和学习者加深对于《孙子兵法》的理解。该网站创立者托马斯·胡恩(Thomas Huynh)还和网站编辑人员一道,在综合研究前人译本的基础上,推出了自己的译本,于 2008 年出版。其译本书名为《孙子兵法:应对冲突的精神指引》(*The Art of War—Spirituality for Conflict*)。网站在对该译本的推介中指出,它可以使读者"在冲突爆发前避免冲突;当冲突爆发后和平迅速地解决冲突;在不利情况下带着勇气、智慧以及仁爱之心行事;变潜在敌人为朋友;在情绪失控前及时控制情绪"。这些情况表明该网站已不再把《孙子兵法》仅仅视为一部兵书,而是扩大了其应用范围,这也反映出人们特别是西方世界对《孙子兵法》看法的变化趋势。

在 sonshi 网站推出的译本排行榜中,共有 7 个译本入围。网站为了表明评比的公正性,没有把自己的译本列入其中。网站对推荐的各个译本进行了评介,并附有购书链接。网站特别提醒购书者当心那些已经失去版权专利时效进入公有领域的译本,并以翟林奈译本为例,称该类译本只不过是更换了个封面。如此说来,前义所述兑拉维尔编辑的翟林奈译本应属此类情况,该译本没有被列入推荐书单自然也在情理之中。我们注意到,2019 年和 2017 年相比,优秀译本的排名次序发生了变化,但是书评内容并未改变。有鉴于该页面的商业性质,可以推测,可能是图书的受欢迎程度以及销量影响了译本的网站排名。具体排名变化情况如表 2.2 所示:

表 2.2　sonshi 网站上《孙子兵法》译本排名变化情况

排名	2017 年	2019 年
1	Victor H. Mair, 2007	Thomas Cleary, 2004
2	Thomas Cleary, 2004	Victor H. Mair, 2007
3	Denma, 2002	Ralph Sawyer, 1994
4	Roger Ames, 1993	Samuel Griffith, 1971

续表

排名	2017 年	2019 年
5	John Minford，2002	John Minford，2002
6	Ralph Sawyer，1994	Denma，2002
7	Samuel Griffith，1971	Roger Ames，1993

让人遗憾的是，sonshi 网站荐书榜单中并没有中国乃至华人译者的译本。这是否属于选择性忽视不得而知。一方面可能跟我们的推广力度有关，可能华人译本根本没有进入西方世界的关注视野。另一方面，与西方读者的接受度有关。林戊荪译本是"大中华文库"系列丛书之一。该丛书旨在向世界推广我们的优秀传统文化典籍，是我国历史上首次系统地全面地向世界推出外文版中国文化典籍的国家重大出版工程，从我国先秦至近代文化、历史、哲学、经济、军事、科技等领域最具代表性的经典著作中选出 100 种，几乎涵盖了中国五千年文化的精华。但现实情况也从一个侧面反映出，即使出发点是好的，但推广效果与预期之间还存在一定的差距。

综合以上分析，本书研究过程中涉及的《孙子兵法》英译本除 sonshi 网站推荐的译本榜单外，还增加卡尔斯罗普 1908 年译本、翟林奈译本以及由中国译者翻译的另外 3 个译本，它们分别是：袁士槟 1998 年译本、潘嘉玢与刘瑞祥合译本以及林戊荪译本。这样选择的依据在于：首先，这些译本的翻译底本均为传本或简本《孙子兵法》，而不是《孙子兵法》的衍生品，且为全本，即便有所改动，也属微调，基本保持了《孙子兵法》原文的风貌，而不是删节本或改编本，这样使得相关分析具有了较强的可比性；其次，之所以选择 sonshi 网站推荐的译本，是因为这些译本已经经历了专业人士的筛选以及市场的检验，尽管其中不乏西方世界的某些偏见；再次，增补的这些译本均具有一定的代表性。卡尔斯罗普最早将《孙子兵法》译入英语，且其 1908 年译本有了相当程度的改进；翟林奈译本是最早的权威译本；中国译者的 3 个译本则代表了来自中国本土的译者声音。这些译本基本覆盖了《孙子兵法》英译的全部历程，同时既包括了中国译者译本，又包括外国译者译本，实现了时间与空间上的全域覆盖，能够较好地说明《孙子兵法》英译过程中所反映出来的规律和问题。

2.2 《孙子兵法》的英译研究

从学界认定的首个英译本即 1905 年的卡尔斯罗普译本问世至今,《孙子兵法》英译已经走过了 117 年历程。文军和李培甲(2012)对 2010 年以前的国内《孙子兵法》英译研究情况进行了较为详尽的梳理研究,从总括性介绍、译者研究、翻译策略、译文对比研究、译本评价研究、文化研究以及语言学视角的研究等七个方面对《孙子兵法》英译予以论述。张其海(2019)则按研究内容及方向把《孙子兵法》英译研究划分为译本梳理、译文评析、翻译策略、文化、传播与接受等层面,较为全面,大体勾勒出迄今为止《孙子兵法》英译研究的基本样貌。

在《孙子兵法》英译总体研究方面,于汝波走在了前列。他的《孙子学文献提要》和《孙子兵法研究史》较早地把研究视野投向《孙子兵法》英译。其涵盖的《孙子兵法》英译及相关文献范围至晚到 2000 年,为后人研究提供了基础。但是,由于其重点在于《孙子兵法》研究的整体情况,英译研究部分相对只占较小的比例。此外,因为编写体例等因素的限制,相关情况介绍较为简洁。同时,相关信息还存在一定错误,如把卡尔斯罗普的英文名拼作 Cilthrop,另将其 1908 年译本的出版地误作北京(实为伦敦)。《孙子兵法研究史》较早介绍了兵法首个英译本问世的相关情况以及 20 世纪其他译本的大致轨迹,开创了《孙子兵法》英译研究的先河,其研究广度与深度"是其他类似文献所不能企及的"(裘禾敏,2015:79)。

除于汝波外,古棣与戚文的《孙子兵法大辞典》(1994)、吴如嵩的《孙子兵法辞典》(1993)、英国汉学家鲁惟一(Michael Loewe)撰写的《中国古代典籍导读》(1997)等都对 20 世纪出版的一些《孙子兵法》英译本进行了简要的梳理和介绍,对后来者有一定的借鉴和参考意义。

进入新世纪后,王铭(2005)从历史研究视角较早且系统地对《孙子兵法》在 20 世纪的英译情况进行了梳理,并区分了《兵法》英译草创期、展开成熟期及繁荣期等三个阶段。屠国元、吴莎(2011)对《孙子兵法》105 年英译历史上(1905—2010)出现的 33 个译本分四个阶段进行了历时性描写研究,对各阶段特点予以概括总结,对重要译本的底本选择、历史背景、翻译特点等都进行了较为细致的说明,具有较高的参考价值。杨玉英(2012)整理了英语世界中的《孙子兵法》翻译研究,目光专注于国外译者的译作,对其中一些有名的译作做了重点介绍,并挑选卡尔斯罗普、索耶尔(Ralph D. Sawyer)、克里瑞(Thomas Cleary)、克拉维尔(James Clavell)以及翟林奈译本进行了比较研究,同时还在附录中对国外《孙子兵法》研究网站 sonshi.com 做了简介。裘禾敏(2015)把《孙子兵法》英译历史概括为准备期、起始期和独立期三个阶段,指出《孙子兵法》英译研究重点"体现在如何实现文本、语言与文化等三个层面的整合与变异",并提出"把传统文化的翻译研究提升至国家外语战略的高度"的建议。苏桂亮、李文超(2017)在《〈孙子兵法〉百年英译研究——以图书出版为中心》中对百余年来《孙子兵法》的英译版本进行了细致的梳理,内容翔实,不仅对不同译者的译本进行了介绍,还对同一译者的不同版本包括后人对前人译本进行修订、编辑后所出的版本都做了梳理。同时,他们还把目光投向与《孙子兵法》相关的英文著作,把它们也吸纳进来。严格来说,这些并不能归为《孙子兵法》的英译译本,反映出《孙子兵法》英译研究对象扩大化的一种倾向。郑建宁(2019)《〈孙子兵法〉译史钩沉》对包括英译在内的《孙子兵法》外译情况进行了全景式勾描,应该说在《孙子兵法》英译版本数量汇总方面该文目前做到了应收尽收,最为全面,可供其他学者按图索骥,节省科研精力。但相关做法也存在一定弊端,具体表现为:①所收录的译本中有多个出版平台为"创作空间"独立出版平台(CreateSpace Independent Publishing Platform),这是个为个人出版著作提供服务的自助出版平台,其出版译本的严肃性及权威性有待考察;②译本统计中变译本也被包括在内,如工作日历形式的 R. L. 翁译本,漫画形式的梁荣锦译本等,这是否会人为地使《孙子兵法》英译覆盖范围扩大,导致纳入的译本标准不一、良莠不齐,有鱼目混珠之嫌;③统计译本中,多个涉及对前人译本的改写、编辑,如郑文提到"1983年,克拉维尔译本是基于翟林奈译本编辑而成","1991年,罗顺德译本采用的是郑麐的译文"(郑建宁,2019:187),笔者认为此类译本的译作权归属问题仍有待商榷。

以上文献主要涉及《孙子兵法》英译和译本整体性情况以及脉络梳理。在中国知网以"孙子"和"译"为关键词,模糊检索自 2010 年至 2020 年 10 年间以来的论文,共检获学术期刊论文 119 篇,经人工核验,实际与《孙子兵法》英译研究相关的论文数目为 98 篇。检获学位论文共 55 篇,博士论文 4 篇,硕士论文 51 篇,其中实际与《孙子兵法》英译研究相关的有44篇。

在具体研究方面，近年来，累计有四篇博士论文完成。裘禾敏把《孙子兵法》的英译研究置于孙子学研究的大体系中，"从语言学、术语学、文艺学、哲学等多学科深入探讨《孙子兵法》英译历程"（裘禾敏，2011：16），研究分析了卡尔斯罗普、翟林奈、格里菲斯和林戊荪等四个译本，综合多学科理论开展研究的特点明显。吴莎（2012）对其论文完成时业已出版的33个《孙子兵法》英译本进行了梳理，并按时间先后分为四个时期，从跨文化传播学的路径展开研究，其中涉及的理论众多，包括社会符号学、语境语言学、耗散系统的协同理论、阐释学、文化聚合理论、传播适应论等等，主要译本研究对象有7个。章国军（2013）引入布鲁姆（Harold Bloom）的"误读"理论展开对《孙子兵法》英译的复译研究，作者重点关注的是不同范式下误读在复译过程中的作用，提出了"复译竞争论"，强调后世译者如何通过误读为自己的复译行为予以正名，突出译本彼此之间竞争共存的关系。其论文涉及的译本包括：卡尔斯罗普译本、贾尔斯译本、格里菲斯译本、R. L. 翁译本、梁荣锦译本以及加葛里亚蒂译本，其中后3个译本分别以日历、漫画、应用指南的形式呈现，应被视作《孙子兵法》的变译本。邱靖娜（2018）以系统功能语言学语境理论为视角，选取4个全译本作为研究对象，分别是索耶尔译本、闵福德（John Minford）译本、林戊荪译本以及黄氏（J. H. Huang）译本。在译本选择方面，几个译本完成时代相近，具有一定可比性，翻译底本覆盖全面，且其中黄氏译本此前研究较少。

硕士论文方面，研究者往往结合一定理论，对某个或某几个译本或者译本中的特定翻译现象进行研究。涉及的现象有文化负载词的翻译、译者主体性、模糊数字的英译等等。而利用的理论也各式各样，既有传统的语言学研究范式下的理论，如语篇分析、语义与交际翻译理论、对等理论、功能主义、翻译目的论，也有接受美学、勒弗菲尔诗学、批判话语视角、福柯权力话语理论、多元系统论，更有时下较为流行的，如社会学、生态翻译学，还有利用语料库手段来研究译本中的翻译共性，如明晰化等等，不一而足。这些研究方法和路径的选择反映了一定时期内学界研究的潮流和方向，但相对而言，从解构主义角度开展《孙子兵法》英译研究的极少。

《孙子兵法》英译译本研究具体表现为译本研究对象较少，往往借鉴某个理论，以两三个译本对照比较为主（张爱华，2003；王帅，2010；王姗姗，2011；王晓琴，

2012;张晓君,2014);或局限于具体字词翻译的分析比较研究(孟祥德,2007;黄丽云,2008;张琦,2012)。

杨敏(2007)和何香平(2010)从译者主体性方面入手,研究《孙子兵法》英译本的多样性。其中,杨敏着重从译者的个人、社会背景及翻译目的入手,对多个译本及其体现的译者主体性进行分析;而何香平则借鉴了伽达默尔阐释学中的"理解的历史性""视域融合"和"效果历史"等基本概念,分几个方面研究译本中的译者主体性。谢道挺(2010)、孙飞(2014)、雷丹(2015)等也从相同角度做了类似尝试。此类尝试往往从外部因素入手,但对于《孙子兵法》的文本特点以及语言的本质属性关注不够。而译者主体性得以发挥,很大程度上是因为文本为其留下了发挥的余地。

事实上,由于以《孙子兵法》为代表的中国古代典籍在文字上言简意丰,给译者理解和阐释提供了很大空间。同时,由于译文的简单化翻译共性,译文往往只能从一个侧面呈现原文意思,或者部分传递原文意思,导致意义缺失,而语言的转换往往还会生成原文没有的意义,造成意义增生,这是译者翻译过程中取舍的结果。不同译者的出发点不同,做出的选择自然也会不同。这些译本,正如本雅明(Walter Benjamin)"纯语言观"下的花瓶碎片拼接在一起,更能反映出对原文解读的多样性及更多可能性,这在某种程度上弥补了单一译本的不足。

方雪梅(2011)利用延异衍生出的"消解性"对《孙子兵法》贾尔斯(翟林奈)英文译本进行了研究分析,并对"消解性"与"误译"进行了区分。这是少有的从解构主义角度开展对于《孙子兵法》英译研究的尝试。但"消解性"自身作为衍生品在解构主义话语体系中亦非显流,因此也为进一步发掘解构主义理论解读《孙子兵法》英译的可能性预留了空间。

此外,研究借助的手段也在不断推陈出新。例如,张婉丽(2013)和李晶玉(2015)均运用语料库分别对《孙子兵法》英文译本进行研究。其中,张婉丽选取2个译本建库,进行译本中的军事术语对比研究;而李晶玉选取4个译本建库,主要从事译者翻译风格特征研究。两位作者从语料库角度入手研究《孙子兵法》英译情况,具有一定的借鉴意义。存在的局限性在于:受硕士论文篇幅限制,译本选取较少,难以反映《孙子兵法》英译的全貌;对于翻译风格的研究,难以摆脱语料库翻译研究的老路,更多关注翻译共性,并未在此基础上有进一步突破。黄立波就曾指出,(语料库方法的)"研究对象在语言层面的具体表现形式、数据提取基础上的人工介入,描写基础上的多角度合理解释,让我们觉得目前语料库翻译学从研究方式上更倾向于语料库辅助的翻译研究"(黄立波,2014:前言2)。

在学术期刊论文方面,2011 至 2015 年是国内《孙子兵法》英译研究的高峰期,年均在 10 篇以上,历年刊出的论文数量分别为:2011 年 11 篇,2012 年 9 篇,2013 年 17 篇,2014 年 14 篇,2015 年 14 篇。2016 年至今,该方面研究的论文数量有所下降,但也稳定在每年 5 篇左右。

众多学者当中,黄海翔的相关研究活动较为活跃,他主要从文化角度先后以文化翻译整体观视角、规范伦理学视角、高低文化语境理论、文化认同视域、杂合与文化心理等为切入点,从事《孙子兵法》英译的相关研究,并于 2018 年出版专著《〈孙子兵法〉英译的文化研究》。

近年来,《孙子兵法》英译研究也出现了一些新的方向和路径。李宁(2015)调查了以《孙子兵法》林戊荪译本为代表的"大中华文库"国人英译典籍在西方的接受状况。结果表明,林译本接受状况不佳,但主要原因不在于译本的可接受度,而在于译本的流通量、保有量小,关注度不高。该文将《孙子兵法》的英译研究引向译本的出版发行以及推广问题。

此外,郑建宁(2020)就包括《孙子兵法》在内的中国典籍的研究和翻译问题与汉学家、《孙子兵法》英译者之一的安乐哲(Roger T. Ames)直接展开对话,获取第一手资料,这对了解《孙子兵法》英译相关问题及其在异域的理解和接受有借鉴意义。

国外对《孙子兵法》的研究多注重其与现实问题的关联,强调其实用性,而对其英译问题的研究较少,这种情况也反映出以下事实,即人们习惯于将译文视作原文,译文作为一种文化符号以《孙子兵法》之名替代了原文,忽视译文可能对于原文意图的变动。

国外对于《孙子兵法》的英译研究多散见于各译本译者针对译本而发的译论。此类译论往往涉及译者对《孙子兵法》原文文本的理解,阐述译者的翻译策略和方法,也有译者对前人译本进行简要的述评,如翟林奈就曾在其译本序言中对阿米奥(J.-M. Amiot,又名钱德明)的法文译本以及卡尔斯罗普的英译本提出批评,格里菲斯也在自己的译本中较为中肯地评判了翟林奈译作的得失,并对其译本之前的其他译本也做了评介。

在研究《孙子兵法》实际应用的文章、著作中,作者有时也会对《孙子兵法》英译情况加以介绍。如加籍学者江忆恩(Alastair Iain Johnston)在其发表于1999年的文章《孙子研究在美国》(Sun Zi Studies in the United States)中除介绍孙子在美国的研究及应用外,还介绍了二十世纪八九十年代《孙子兵法》在美国的翻译情况,涉及的几个译本包括:格里菲斯译本、克拉维尔译本、克里瑞译本、索耶尔译本、安乐哲译本。他对各个译本的特点进行了介绍。其中,索耶尔译本注重《孙子兵法》的军事价值,强调对于文本相关内容的考证,提供了大量脚注,而安乐哲译本则更为关注中西哲学传统间的差异。此外,江忆恩认为克拉维尔和克里瑞译本的学术价值不大,没有得到学术界的认可。

此外,国外一些《孙子兵法》研究网站提供了为数不多的《孙子兵法》英译研究资源。例如,sonshi网站就提供了对40多位在世的《孙子兵法》主要译者以及研究者的访谈,可以用作相关英译本的副文本,对《孙子兵法》英译研究提供帮助。

整体而言,对《孙子兵法》英译的研究多注重译本比较,重视对其英译历史的整体概述,介绍重要译本,但由于篇幅限制,研究往往不够深入;或因为专注于某个方向,译本覆盖不够全面,对于边缘译本关注不足。此外,相关研究重视比较译本间的不同、优劣,而忽视各译本间的互补、承继等关系,缺少整体观念,难以从宏观上对译本间的关系进行把握和描述,这也是本书试图改进的地方。

2.3 解构主义翻译研究

1966年,德里达赴美国霍普金斯大学参会,作了题为《人文科学话语中的结构、符号和游戏》(Structure, Sign and Play in the Discourse of the Human Sciences)的发言,质疑西方形而上学传统和结构主义,在当时结构主义风头正盛的大背景下,昭示着解构主义的闪亮登场。1967年,德里达接连出版了三部著作,分别是:《论文字学》(On Grammatology)、《书写与差异》(Writing and Difference)、《言语与现象》(Speech and Phenomena),德里达在书中运用解构方法对西方形而上学历史进行解读,正式宣告了解构主义的问世。解构主义最初只是一种阅读方式,但很快,就被运用到对于文学、宗教、法律以及哲学文本的解读中去,并在文学批评领域引发了一场声势浩大的解构主义运动,在美国形成了"耶鲁学派"的解构主义批评。解构主义还被法国女性主义理论家所采纳,用以彰显深深扎根于欧洲文化传统中的男性偏见。

解构主义与翻译结缘,最早可以追溯至德国思想家沃尔特·本雅明的文章《译者的任务》(*Die Aufgabe des Ubersetzers*)。该文问世于 20 世纪 20 年代,是本雅明为自己的译作——法国诗人波德莱尔(Baudelaire)的诗集《巴黎风貌》(*Tableaux Parisiens*)——所作的序言。这篇文章极为重要,被学界看作解构主义翻译思想的萌芽。其德语标题中的 aufgabe 一词既有"任务"的意思,又有"放弃、中断、失败"的意思。从字面看,译者的任务又是译者的失败,这种语带双关的巧合表明了翻译之路的艰辛,翻译是项注定要失败的任务。本雅明在文中提出了"纯语言"的概念,指出文学作品翻译的目的不是为了传递信息,可译性是原作内在的支配翻译的法则。在本雅明看来,翻译的作用之一在于彰显语言间的差异,特别是不同语言意指方式的差异,因而异化翻译策略更为可取。本雅明的这些观点在文章发表时并没有引起太多的重视。但及至后来,解构主义勃兴,人们才在溯源的过程中重新发现了本雅明这篇译文序言,其中观点契合了解构主义与传统翻译理论分道扬镳的议程主张,因而受到追捧。虽然这篇文章在时间上远早于解构主义的诞生,但仍被视作解构主义翻译观的源头。

德里达直接论述翻译的文章为数不多,主要有《巴别塔》和《何为'相关的'翻译?》。《巴别塔》一文以《圣经》中巴别塔的故事为切入点,用德里达一贯的手法对其进行解构式阅读,讨论了巴别塔作为专有名词的意义问题及其在不同语言间的转换问题,文章亦对本雅明《译者的任务》有所呼应,揭示出"翻译的不可能,但是翻译不可能的同时又是翻译的不可或缺"(陆扬,2008:97)这样的主题。《巴别塔》的法语标题"Des Tours de Babel"就暗藏玄机,拒斥翻译。首先,tours 一词自带多义,除表示"塔"外,还有其他多种含义,但"塔"这一意义又何须采用复数形式;其次,des tours 从发音上音近英语词 detour,有"迂回路"之义,其中是否有暗示巴别塔故事曲折复杂之义?标题隐含着德里达惯常使用的文字游戏的机巧,体现了"翻译不可能"的主题。

第 2 章 文献综述

《何为"相关的"翻译?》(*Qu'est-ce que-une traduction 'relevante'?*)系德里达于1998年在阿尔勒文学翻译联合会(Assises de la Traduction Littéraire en Arles,ATLAS)年会上的演说内容。relevante 为其题眼,演说也围绕着 relevante 一词的理解和翻译展开。首先 relevante 的词源较难考证,英语中有 relevant 一词,但很难说清该词的演化路径;其次 relevant 还是法语动词 relever 的分词形式,而 relever 又与德里达多年前对莎士比亚戏剧《威尼斯商人》中"When mercy seasons justice"一句的翻译实践有关。作为事件要素,relever/relevant/relevante 具备了独特性和不可替代性。因此,relevante 既是跨语言的,又陷入语词指涉的互文性网络之中,为翻译提供了难题,进而"揭示了意义的不确定性、翻译的必要性和不可能性"(王颖冲,2011:17)。

贾亚特里·斯皮瓦克(Gayatri C. Spivak)把德里达《论文字学》译为英文,并撰写了近80页的译者导论,较为系统地对德里达的解构思想进行了解读,推动了其思想在美国理论界的普及,扮演了重要的解构理论翻译者和阐释者的角色。斯皮瓦克作为著名的文学理论家和文化批评家,研究视野广阔,从女权主义视角对解构理论进行深刻考察,把解构策略运用于后殖民主义理论,并以后殖民主义理论对帝国主义、殖民话语等进行批判,虽然系统性有所欠缺,但促成了解构思想在文化批评领域的发展,并为带有解构基因的女性主义和后殖民主义理论在翻译领域的运用贡献了力量。

根茨勒(Edwin Gentzler)曾在其著作《当代翻译理论》中单独辟出一章来讨论解构主义与翻译的话题。他认为,"解构主义思想对于翻译过程中理论问题的理解意义重大"(Gentzler,2004:146)。根茨勒介绍了海德格尔、德里达两人与翻译相关的解构主义思想,并援引德里达,道出两人翻译理论之间的不同,"海德格尔认为存在某种'元初完整性'、完整的'核心',它们虽然被掩盖、遗忘,被希腊人进行了错误翻译,但仍然是存在的"(ibid.:161)。在德里达看来,语言之间并非互无关联、彼此无涉,事实恰恰相反,各个语言相互联系,彼此衍生。翻译打破目标语言的局限,对源语文本进行转化,从而实现语言的扩展、增长。这种增长并非线性的,而呈碎片状,各个碎片拼接的结果即本雅明宗教视角下的"纯语言"。德里达的翻译"理论"启发人们更多地思考语言之间的关系。

戴维斯(Kathleen Davis)(2004)的《解构与翻译》(*Deconstruction and Translation*)分6章对德里达的相关文本特别是早期文本进行细读,使其艰深的解构思想得以明晰化,指出德里达对翻译相关问题的理解多内藏于其对他人文本,尤其是对一些不为人们注意的词语的解读,引述德里达在相关著述中关于巴别塔(Babel)、药剂(pharmakon)和相关(relevant)等词语的解读,以此作为说明解构主义翻译策略的例证。例如,在《柏拉图的药》中,pharmakon一词的理解和翻译不但影响了西方世界对于书写与言语关系的认识,而且还与逻各斯中心主义的形成不无关系。其中,pharmakon的多义性恰恰体现出该词作为语词符号、能指,并不对应单一、明确的意义所指,而是成为意义嬉戏的场所。而不同的意义选择则极大地影响了书写与言语之间关系的表述和定性。在经历翻译之后,pharmakon原有的多义性被剥夺,书写因而成为记忆的毒药,不再保留其作为后者有益辅助手段的意义成分。言语因其对思想的直接呈现,地位得到凸显,进而言语中心主义和逻各斯中心主义得以确立。翻译问题进而影响了数千年的西方哲学传统。该书第六章"翻译伦理"重点对译者责任和翻译伦理问题进行了讨论,指出翻译过程需要译者承担起责任,并做出"痛苦"的决定,也反向说明解构主义翻译观并不意味着对原文进行任意解读和处理。

意大利裔美籍学者劳伦斯·韦努蒂(Lawrence Venuti)(1995)在其著作《译者的隐身》(*The Translator's Invisibility: A History of Translation*)中,对西方自17世纪起的翻译历史进行了考察,指出"通顺的翻译"一直占据着主导地位,并用解构主义的观点建立了其异化翻译(foreignizing translation)理论,用以"抵抗目的语文化的种族中心主义"(郭建中,2000:50)。应该说,韦努蒂祭起异化翻译的大旗,用以质疑归化翻译或通顺翻译天然的正当性,扭转通顺翻译对异化翻译理所当然的优势地位,是对通顺翻译与异化翻译这一组二元对立的反拨,并在一定时期内和一定条件下有其合理性;但如果据此就认为异化翻译才是翻译正道,并树立起异化翻译在翻译策略中的中心位置,怕是有违解构精神,失其本旨,无异于在解构一个中心的同时又树立起另外一个中心。

杨柳(2007)、刘全福(2010)、蔡龙文和宫齐(2011)等曾先后撰文,对解构主义翻译研究在我国的发展进行梳理介绍。从中可以发现,相关学者的注意力主要集中于有关解构主义翻译观的论述,强调解构主义翻译观的哲学属性,着重从宏观层面对解构主义理论进行论述,或对解构主义理论的翻译运用持一定的怀疑态度,而将解构主义理论具体运用于解释翻译现象的较少。

在我国,蒋骁华 1995 年发表的《解构主义翻译观探析》一文较早探讨了解构主义翻译观的实质,将国内翻译理论研究的目光引向解构主义。蒋文以本雅明的"译者的任务"为分析对象,认为解构主义翻译观在启发人们重新认识翻译的同时,也有一定的消极影响。

此后,解构主义翻译观在我国的本土化进程得以推进,学界着手对解构主义理论进行引介、解读,探讨解构主义的本质,并就其对于翻译研究的意义和影响展开对话,在思想交锋中不断深化对于解构主义以及解构主义翻译观的认识。

郭建中的《论解构主义翻译思想》对解构主义主要观点尤其是本雅明《译者的任务》进行了探讨,揭示解构主义翻译思想带来的启示,指出"解构主义翻译理论,不能说是一种理论,因为解构主义者并没有提出具体的描写性或规范性的翻译原则、模式和方法,也没有详细探讨具体的翻译过程。他们只是用翻译这种现象,来阐明他们的哲学和语言哲学的思想"(郭建中,1999:9)。这种观点具有一定的普遍性,如蔡龙文和宫齐也曾指出,"解构主义翻译观的本质属性是翻译哲学,具有内在的对立统一性"(蔡龙文、宫齐,2011:144)。

李龙泉将德里达、本雅明和韦努蒂与翻译相关的论述视作解构主义翻译思想的代表,其中包括德里达的延异论、本雅明的纯语言观以及韦努蒂的异化论。但整体而言,李龙泉对于解构主义翻译思想持批判的态度,指出解构主义理论家针对翻译所做的论述并非"帮助人们解决实际翻译问题,更多的只是借翻译这个话题阐明他们自己关于哲学、语言学及文化的看法"(李龙泉,2009:144)。

李宏鸿通过文本细读的方式,重点研究了以本雅明和德里达为代表的解构主义翻译观。他选取本雅明的《译者的任务》和《论语言本身和人的语言》以及德里达的《巴别塔》和《何为"相关的"翻译?》为研读对象。在研究中,李宏鸿指出了本雅明的宗教神学思想背景以及在此背景下形成的"纯语言"及相关概念,点明了本雅明与德里达解构主义翻译观之间的承继关系,并明确表示德里达"相关的翻译就是能够升华、净化、调节、内化、救赎语言的翻译"(李宏鸿,2015:187)。其中,德里达在

《何为"相关的"翻译》的演讲中,对莎士比亚名剧《威尼斯商人》进行隐喻式解读,从标题"What is a 'Relevant' Translation?"中的单词 relevant 入手,通过其一贯擅长的文字游戏,看似给出了"相关翻译"的定义,但实际却仅仅表明该词的多义性及其(不)可译性,其意义只可结合具体的语境加以解释澄清。这样,德里达以小见大,通过一个词的处理反映出其解构主义翻译观,该演讲也被称为"解构主义翻译观日臻成熟的具有里程碑意义的重要标志"(李宏鸿,2015:前言 4)。

李宏鸿在著述中选取了一些译例作为解构主义翻译观在文学翻译中的运用说明,强调在这些翻译实践中,追求的是对意指(intention)进行"有调节的转化"(regulated transformation),并借助与圆形相切的直线来比喻原文和译文的关系。然而,他所引用的例子大都是一些"剑走偏锋"的特殊案例,如拆字(U. P.,up 译为"卜一,上")、谐音(knot/not 转化为"刀/到")等,以此作为文学作品文学性的外在表现,有以偏概全之嫌,不能说明文学翻译中的普遍现象,并不具有普遍意义。

刘育文(2014)尝试从解构主义视角研究文学翻译批评,并运用语料库手段来分析文学翻译中出现的可用解构主义予以解释的现象,具有较高的参考价值。但是,其中一些做法亦值得商榷。如:对不同译本中的高频词进行统计,并以统计出的高频词进行组句,比较各个句子之间的差异,借此窥见不同译本间的细微区别;此外,在其著作第五章的个案研究中,作者分别从语词、句子、语言变体等层面进行分析,但其所用的与解构主义相关的一些关键词,如重复、解构、离析、割裂、扼杀等,却似乎只有解构之名,而无解构之实。

汪凤(2013)从解构主义视角对葛浩文翻译的莫言《丰乳肥臀》进行研究,在进行案例分析时运用了德里达的延异论、"互文性"理论以及解构主义对原作译作关系的看法和认识,是为数不多的此类尝试。

综上所述,国内外的解构主义翻译研究多注重从整体上把握解构主义对翻译认识、翻译研究所产生的影响,结合翻译案例进行研究时多采用已经具象化了的解构主义翻译理论,如韦努蒂抵抗式翻译的异化策略等,而忽视了解构主义早期理论中如"纯语言"、延异等概念以及反对逻各斯中心主义、拆解二元对立等哲学议程和立场对翻译实践和现象的解释力,本书力图在此方面进行尝试。

2.4 本章小结

作为全书的文献综述,本章重点对《孙子兵法》英译有关译本情况以及英译研究情况进行了梳理。第一节按照时间顺序对《孙子兵法》的英译历史特别是前期主要英译本情况进行了介绍,同时分析了不同学者对《孙子兵法》英译本数量的统计和分类情况。应该指出,随着中国改革开放政策的施行,《孙子兵法》英译本较之以前数量有了明显的增加,并且还有新的译本不断涌现。这在很大程度上得益于中国国力日盛并且加大了对外交流的力度,使得世界关注中国,关注以《孙子兵法》为代表的文化典籍,关注其背后的思想文化。这些属于影响《孙子兵法》英译数量的外部因素。但是,除此之外,文本自身尤其是语言的自然属性也促使译者不断发掘《孙子兵法》的意义并进行翻译,《孙子兵法》译本也因此层出不穷。从译本数量的统计情况看,由于统计标准不一,统计时间有早晚差别,研究需求不同,不同学者统计出的译本数量也不相同。即使时间相近的统计,结果也可能存在较大差异。总体来看,如果以 20 世纪 70 年代为分界,《孙子兵法》英译本数量前段增长变化较为缓和,而后段增速和整体数量都有了较为明显的提升和增加。同时,在统计《孙子兵法》英译本数量时,应避免译本选取标准的泛化倾向,避免把《孙子兵法》一些衍生品的翻译或是其变译作品也计算在内。在综合多方面因素考虑的基础上,遴选出作为本书研究对象的译本,范围涵盖《孙子兵法》100 多年英译历史的各个阶段,既有国内译本,又有国外译本,使得挑选出的译本能够大体上代表《孙子兵法》英译的整体面貌。

本章第二节对《孙子兵法》的英译研究情况进行了梳理和归纳。结果表明:对于《孙子兵法》的英译研究已经从早期条目式的情况统计向纵深发展。具体表现为:高层次的硕博论文、学术论文、研究专著不断问世,数量颇丰,研究问题涉及《孙子兵法》英译的方方面面,研究路径也各有不同。但同时,过往研究存在以下不足:在译本选取方面,一是涉及的译本较少,二是代表性不足,三是个别出于研究问题原因有标准泛化倾向;在研究路径方面,从解构主义视角出发切入《孙子兵法》英译研究的极少;在研究关注点方面,侧重比较译本间的优劣、质量高下,较少从英译整体历史方面考量译本间的关系。

此外，本章第三节还对解构主义与翻译研究结缘并运用于翻译研究的情况进行了回顾和梳理。因为本书是以《孙子兵法》英译为研究对象和主体的，所以这一部分并非重点。但由于本书以解构主义作为研究路径和视角，因此有必要对其在翻译研究领域的运用，特别是在我国的翻译研究运用情况加以简要介绍。归纳起来看，人们更为强调所谓的解构主义翻译观，倾向于抽象地论述解构主义对于翻译和翻译研究的启发作用，缺少与具体翻译实践的结合。有鉴于此，本书有意弥补所发现的解构主义在翻译研究运用方面存在的不足，将解构主义语言观、哲学观、翻译观综合起来，并尝试用于对《孙子兵法》英译的研究。

第 3 章

理论基础与分析框架

解构主义最初作为哲学理念和文本阅读方法，成形于 20 世纪 60 年代中期的法国，提出者是法国哲学家雅克·德里达。但是，德里达作为解构主义创始人而名声大噪却是在美国。1966 年，在霍普金斯大学以结构主义为主题的学术会议期间，德里达的发言论文为《人文科学话语中的结构、符号和游戏》，德里达在论文中质疑西方哲学自柏拉图以来就备受推崇的形而上学说，并首次把解构概念推介到美国。考虑到当时学术界极为浓厚的结构主义氛围，德里达的发言语惊四座，拉康愤然离场。与会人员中还包括时为康奈尔大学副教授的保罗·德曼（Paul de Man）。德曼为德里达的理论所吸引，主动与其建立联系。此后，德里达渐次与德曼、约翰·希利斯·米勒（John Hillis Miller）、杰弗里·哈特曼（Jeffery Hartman）、哈罗德·布鲁姆（Harold Bloom）结识，并频繁互动，形成了跨越欧美大陆的"耶鲁学派"，后四人又被称作"耶鲁四人帮"。他们借鉴解构主义理论，结合自身研究兴趣，以各自方式将解构主义运用于文学批评。布鲁姆先后在其著作《影响的焦虑：一种诗歌理论》（*The Anxiety of Influence: A Theory of Poetry*, 1973)和《误读图示》(*A Map of Misreading*, 1975）中提出并完善其"误读"理论。哈特曼重在研究文学文本中的语言隐喻性。米勒提出了"重复"理论。德曼则从语言修辞视角开展文学批评，形成了自己的修辞学阅读理论。

1967 年，德里达出版了个人的三部著作，较为系统地提出了其解构主义思想，包括反逻各斯主义、延异与撒播、替补与印迹、互文性等，进一步奠定了其解构主义大师的地位。解构主义的运用随后也拓展到建筑、美术、影视等诸多领域，形成了一股风靡欧美理论界的潮流。

西方传统哲学，从古希腊哲学到现代的结构主义，都把逻各斯看成现象背后的终极或者本质。对不同哲学家而言，逻各斯有着不同的外在表现或者名称。例如：柏拉图的理念、笛卡尔的"我思"、斯宾诺莎的"实体"、黑格尔的绝对精神、胡塞尔的

"先验自我"、分析哲学的"语言"和列维·斯特劳斯的"结构"等等,它们均可以被看作"逻各斯"的不同称谓。究其实质,逻各斯中心主义是一种"在场"哲学,而这种在场又与"言语中心主义"密切相关,因为言语意味着说话人的在场,并可以对自己的意图进行澄清和解释。言语等同于说话人的真实意图,是其意图的直接呈现,能够满足人与人之间实时交流的需求。与之相比,书写或者文字意味着作者的缺席,是对作者意图的遮蔽,可能对其进行扭曲。因此,言语与书写构成了一组二元对立,其中言语是第一位的,处于主导和支配地位,而书写是次要的,扮演着从属和被支配的角色。言语中心论采取了一种逻各斯中心主义的思维方式,认为自我是意义的中心,"我"可以主宰意义,可以通过言语最好地查明其他个体直接表达的见解和观点。通过对话,个体宣告它的在场、意义以及存在。言语与书写的二元对立同时也集中表征着逻各斯中心主义的一系列此类对立,如本质与现象、在场与缺席、能指与所指、中心与边缘、善与恶等等。德里达就是要对上述本体论哲学发起挑战。在他看来,并不存在什么普适性的规律、永恒的中心、自足的结构。德里达的解构不是单纯的破坏,解构的过程亦伴随着建构。解构是一种"双重运动""双重写作",寓居于传统结构的内部,寻找结构得以存在的前提并找到其漏洞,进而以子之矛攻子之盾,实现结构的自行瓦解。

从思想源头上看,19 世纪末,尼采断言"上帝已死",呼吁要"重估一切价值",这种质疑精神为解构主义的诞生埋下了种子。德里达因循尼采对现代性的批判,把欧美大陆主体哲学的形成一直追溯到前苏格拉底时期,"可谓步了尼采的后尘"(哈贝马斯,2004:113)。

到了 20 世纪,埃德蒙德·胡塞尔(Edmund Husserl)创立了现象学,采用悬置(epoché)原则,能够言说的予以言说,不能言说的进行搁置,"为解构主义提供了土壤"(刘育文,2014:36)。胡塞尔的弟子海德格尔对德里达也产生了莫大的影响,德里达的"解构"(deconstruction),就直接来自对海德格尔的 Destruktion 的改造,而后者的 Destruktion 又来自胡塞尔。胡塞尔使用"精神拆毁"(Gedankliche Destruktion)一词来描述现象学还原。在海德格尔那里,Destruktion 是确认、肯定与破坏同时进行的双重运动,既在拆解又在建构。因法语词 destruction 仅有"破坏"之义,没有"建构"的意思,反映不出 Destruktion 原有的双重含义,德里达这才造了

deconstruction 一词。在该词中,de-这一前缀表示"去、逆、拆"之义,而 con 则有"建设、建构"的意思。因此,deconstruction 包含着一种双重运动和操作,是拆解和建构同时展开的进程,但中文的解构一词只被理解为对现有结构的拆解和破坏,失去了其原有的建设之义。海德格尔和德里达最初使用该词时,只用于对西方形而上学历史的解读,但很快就被应用于诸多其他领域,如文学、宗教、法律、哲学文本的解读,其应用范围不断扩大。

解构主义与翻译的渊源也由来已久,且理论观点众多,派系庞杂,很难以解构主义翻译理论来统括所有与翻译相关的解构理论。解构主义学者早期往往通过翻译来言说对语言的认识以及自己的哲学理念。江承志(2011)从谱系学研究视角将解构主义翻译观区分为"解构主义翻译论"与"解构性翻译论"。其中,以解构主义翻译论为主流,而后者为支系。解构主义翻译论以德里达、耶鲁学派、韦努蒂和戴维斯等人理论为发展脉络,解构主义与翻译的关系在此过程中也日趋紧密,由借翻译言说解构与哲学转变为借解构而专论翻译。解构主义也由形而上的哲学理念变为应用于翻译的"器物"。这样的划分一方面正本清源,有利于我们分清主次,更好地把握解构主义与翻译的关系。但另一方面,这也折射出解构主义对世间事物的哲学体悟,即事物是不断分化的,进行着内外的区分,并在该过程中进行着自我身份的重新界定。解构主义自身也不例外。现在可以肯定的是,德里达是解构主义的首倡者,但从前文可以看出,解构主义也并非无本之木、无源之水,其提出也是德里达对前人,如胡塞尔、海德格尔等人的理论概念进行借鉴、批判并吸收改进的结果。

德国翻译理论家本雅明写于 1923 年的文章《译者的任务》被学界认为是解构主义翻译观的"真正源头"(李红满,2001:38)。从时间先后顺序上来看,本雅明完成该篇文章时,解构的概念尚未提出,甚至这个词都还不存在。只是后来随着解构主义的提出并逐渐扩大影响至翻译理论领域,人们才开始关注到该文章,并赋予其极为重要的地位。德曼甚至言称,"除非你对这篇文章有所阐发,否则在业界只会寂寂无名"(de Man,2002:73)。李宏鸿(2015:10-12)则认为,本雅明与德里达在对翻译本质、原作与译作关系、语言间相似性及差异性以及解构后的建构等四个方面的认识充分体现了他们在解构主义翻译观上的亲缘性。同时,德里达在自己为数不多的与翻译密切相关的文章《巴别塔》中还专门讨论了本雅明的这篇文章,对本雅明提出的相关理念进行了呼应,并弱化了本雅明文章中的宗教神秘色彩。二人观念上的相似性和亲缘性打破了解构主义之名的历史局限性,因此,本书中的解构主义也对本雅明在《译者的任务》及其他文章中的部分观点进行了吸纳和借鉴。

韦努蒂被认为是在翻译领域"解构主义研究的主要人物"(李宏鸿,2015:62)。其旨在推翻文化殖民的异化翻译理论,以及他人的作为解构主义翻译观"流理论"的女性主义和后殖民主义翻译理论,都秉承了解构主义精神,系解构主义沿着某个特定方向发展的结果。

应该指出,本书中的解构主义不仅仅限于解构主义翻译观,还包括解构主义语言观和哲学观,即解构主义对语言的认识以及其自身的哲学立场。同时,由于解构主义的相关论述林林总总,出发点和侧重点不同,不可能将它们悉数吸纳进来,因此我们进行了取舍,以德里达理论为主,辅之以与其有着密切关系和渊源的本雅明有关语言和翻译的理论观点。

翻译伴随着语言而生,人类活动离不开翻译,对翻译的研究在一定意义上就相当于研究人类本身,翻译研究因而具有了极为重要的意义。翻译的可行性与相对性并存。彼得·纽马克(Peter Newmark)说:"任何事物在一定程度上都是可译的,但是往往伴随着许多困难。"(Newmark,1988:72)尤金·奈达(Eugene Nida)也表达了类似的观点:"一种语言能说的话在另一种语言中也能相对精确地表达出来。"(Nida,1975:xiii)同时,翻译又是相对的,不存在完全的翻译,因为翻译就意味着变化,从一种语言向另一种语言的转换。即使在同一种语言内,变换了说法,也有了不同的意味。因此,本雅明才会认为,原文的内容与语言像是果肉与果皮的关系,而译文的语言则像宽大的带有褶皱的皇袍。据此分析,在本雅明看来,原文的内容与形式之间的关系是有机的、天然的,而译文的内容与形式之间的关系则是人为的、后天的,可能译文在形式上极为华丽,就像皇袍或披风那样,但与内容之间贴合得却不是那么紧密,毕竟身体与衣服之间并不像果肉与果皮那样有机地结合在一起。于是,在翻译问题上,同时体现出可能与不可能并存的状态。这看似矛盾的说法却反映出翻译的真实状态。

本书主要在解构主义视角下从不同侧面考察《孙子兵法》的英译。解构主义从语言、哲学及翻译等多个层面与翻译研究产生联系，而这几个层面往往又交织在一起。诚如李宏鸿所言，"解构主义翻译观其实就是解构主义的哲学思想在语言和翻译领域内的表述，是同样的思想在两个不同话语框架内的演绎"（李宏鸿，2015：50）。德里达的解构主义思想肇始于对语言问题的思考。在德里达看来，言语并非现实的真实写照，书写也不是对言语的复制。在言语与书写的二元对立中，书写并不天然地劣于言语，言语也在某种程度上带有书写的特征。由是，该组对立自然消解，元书写登台亮相。德里达对于言语中心主义的消解直接剑指西方传统中的逻各斯中心主义，因为言语中心主义与在场的形而上学密切关联，而后者则是逻各斯中心主义的实质所在。如此一来，解构主义也就天然带有类似尼采"重估一切价值"的哲学议程，要求人们对业已习以为常的固有思维和认识进行重新思考，而不是因循守旧。这种批判、再思的精神深深融入解构主义的血液，也是人类得以进步的动力源泉。

同时，在德里达的著作当中，翻译也常常被用作言说语言和哲学的重要方式和手段。我们发现，在解构主义的话语体系中，翻译问题既是语言问题，同时又是哲学问题，语言、翻译、哲学三者关系密不可分，本课题也拟在这三个层面展开对《孙子兵法》英译现象的研究。

3.1 解构主义语言观

在语言层面，传统意义上，语言被认为是"包含着能指与所指的对称性单位结构，能指反映所指，意义是确定一致的。"（葛校琴，2003：37）解构主义在索绪尔结构主义语言学"差异产生意义"的理论基础上进一步发展，提出"延异"（différance）概念。延异是德里达通过改变法语词 différence（差异）中的一个字母而制造的一个词，但德里达却说延异"实际上既不是一个词也不是一个概念"（Derrida，1982：3）。避免将它视作概念，是因为如果它是概念，就需要给它下定义。定义则要求意义明确，指向单一，不存在歧义，是个相对独立的密闭结构，而这又有悖于德里达提出该"词"的初衷。"延异"自身已经解构了其成为概念的可能性。对于"延异"的理解只能处于动态的过程之中，因为没有一个外部终极所指可以为该词背书。事实上，德里达著作中存在一系列类似"概念"，如 pharmakon、hymen、supplément、dissemination 等,它们位于德里达文本意指链条的不同之处,自身没有明确的固定意义,但彼此指涉,形成意义的撒播,构成了语词家族。

由 différence 到 différance,只是一个字母的改变。在法语中,différance 与 différence 的读音相同,人们仅仅凭借语音分辨不出两者间的差别,只有通过书写体现出来的词形差异才能把它们区分开来。这体现了书写相较于言语的优越性,从而对言语中心主义发起了反击,颠覆了言语相对于书写的优势地位,促使人们重新思考书写与言语之间的二元对立关系。

延异是空间和时间两方面的叠加,既指空间上的差异或区分,又指时间方面的延期或推迟,意义是不断延伸的能指游戏的结果。能指(signifier)并不直接指向所指(signified),二者之间也没有必然的联系,其联系具有任意性。同时,能指指向能指,这一过程不断持续下去,而所指始终保持缺席或"不在场"的状态。相应地,由能指构成的文本不再是封闭、统一、自足的结构。文本意义是能指游戏、相互作用的效果,也就具备了运动性、开放性和不确定性,可以根据语境进行不同的解读。在一定程度上,这可以很好地说明《孙子兵法》为什么存在如此众多而且各不相同的英文译本。事实上,即便在中国,后世由于切入角度和侧重点等方面的不同,对于《孙子兵法》也存在不同的理解和解读,《十一家注孙子校理》就十分具有代表性。也就是说,《孙子兵法》的语内翻译即蕴含着较大差异。在此基础上,由于参照不同的注解,同一个句子会出现不同翻译甚至各译本处理相互矛盾,此类情况时有发生。这些翻译各有自己的情理所在,也都解释得通,因此难以明确孰对孰错,只能说仁者见仁、智者见智。不同的翻译反过来说明《孙子兵法》自身存在不同诠释的空间和可能。但同时需要指出,对文本的解读并不是随意的、无限制的解读,这是解构主义经常受人诟病的一个方面,也是本研究试图为解构主义正名的一个认识误区。戴维斯指出,解构主义并不像人们通常认为的那样,是反历史或强调历史虚无主义的。相反,德里达一再强调历史和语境对于意义理解的重要性(Davis,2004:2-3)。无疑,这一点对于驳斥那些认为解构主义主张意义虚无的观点十分重要,同时也说明,解构主义的意义观不仅强调意义的开放性,还注重意义的相对稳定性和可理解性。

语言是我们借以认识世界、理解世界的工具,但语言并非像玻璃一般是透明的,可以把现实"如实"地反映给人类。此处的比喻将语言引向玻璃,希冀通过玻璃这一喻体让人们对语言的性质有更为形象的理解。殊不知,光线通过玻璃会发生折射,人眼所见也并非事物存在的本真状态。在这里,语词已经摆脱了人们主观赋予它的意义。这一比喻反证出语言对意义的遮蔽以及所谓的"意义"在能指链条中的撒播。人类通过语言去认识、理解现实,而现实经过语言过滤后,已经发生了形变。解构主义正是要消解人们关于语言客观反映现实的认识。语言在使用过程中生成意义,意义是语言符号游戏、相互作用的效果。同时,人们无法完全控制语言实际产生的效果。人类要理解世界,表达自我,除却语言没有其他工具可以利用,所以只能从语言内部进行突破。元语言是我们用以解释、说明外部世界的语言。它理想当中应该是意义明确、不会使他人误解的、自成一体的体系,但现实当中这样的语言并不存在。元语言产生并铭写于我们日常生活所使用的语言之中。因此,我们只能向日常语言寻求帮助。这一点也就像修补匠(bricoleur)要做的一样,借助手头能够找到的工具材料来完成自己的工作。这些工具材料并不是现成的,不是为完成手头工作而专门定制的。所以需要匠人们的匠心独具,创造性地运用它们来完成任务。

语言还与人类意欲表达的精准程度有关,不论是在微观世界、宏观世界抑或我们的日常生活中都存在这样的问题。人们不能直接通过肉眼去观察微观世界,而宇宙的深邃也超出了人类的认知能力。因此,人类需要借助于显微镜、望远镜这样的外部工具去观察和认识世界。同理,我们在讨论语言意义的流变、不确定性时,也不能对其直接进行言说,因为按照解构主义理论,语言意义时刻处于变化状态,在场与不在场相互交织,通过不在场言说在场。人不能脱离语言去讨论语言。因此,拉长、迟滞语言意义的变化过程和速度,通过这样的干预手段,可以让我们对语言意义的变化进行讨论。虽然这样的讨论不很精确,但也是当前状况下对语言意义进行讨论的最佳做法,属于临时借用的工具套装。

例如:"苹果落地"这个表述是对于人所观察到的过程现象的一种描述。对于日常交流来说,该表述传递的信息已经较为充足,能够满足需求。而一旦要精细到每个环节,这个描述又显得过于笼统,并没有把苹果落地过程的每个细节进行再现。如果用高速照相机拍摄这一过程,可以得到数十张情形不同的照片,但这也不是苹果落地这一事件的全部。正因为人的感官认识以及语言描述存在这样的局限性,所以我们只能对生活中的现象,事物的运动、状态、性状等进行并不十分细致、精确的描述。由于苹果落地这个事件是在极短的时间内发生的,因此我们无法对落地过程中的苹果在每一刻的状态进行观察描述。苹果着地前每一刻的位置也是不一样的,我们只能把这一过程概括为"苹果离地面越来越近",语言使用的经济学也决定了我们无须对其做过于细致的描述。

《孙子兵法》中也不乏此类例子。作为一个具有2000多年历史的中国古代文本,书中许多概念不但国外读者不了解,即便是现代国人,如果不是从事专门研究,恐怕也不明白其具体含义。原因在于,经历2000多年历史长河的涤荡,一些字词的概念在使用过程中不断发生着变化,有的则已经废弃不用。书中提到的古代作战装备器具,如今已然物是人非。拉长、迟滞的时间维度可以让我们更好地认识这些概念的发展变化。例如:修橹轒辒,具器械,三月而后成;距闉,又三月而后已。(《孙子兵法·谋攻篇》)句中的"橹""轒辒"如果不加解释,对于普通读者来说只是几个文字符号,不代表任何意义。作为能指,它们在《孙子兵法》成书时与其现实参照物即所指之间存在的那种相对稳定的对应关系,如今已经荡然无存。其中,"橹""轒辒"从功能上来说均是古代的攻城器具,但其具体形制已不为大众所知,最多只见于如今的影视作品,但那也只是仿制之物。以上二者之中,"橹"是一种用于观察敌情的装置,意为"顶部没有覆盖的望楼"(李零,2014:25),但同一个《孙子兵法》文本,《作战篇》"戟楯蔽橹"中的"橹"又指"大盾"。也有古代注者如曹操、李筌等将此处"橹"解释为"(大)楯",相同的意指符号指向不同的内容或兼而有之。

"轒辒"已不见于现代汉语之中。李零分别引李筌及杜牧对"轒辒"的解释如下。李筌称:"轒辒者,四轮车也,其下藏兵数十人,填隍推之,直就其城,木石所不能坏也。"而杜牧的解释是"轒辒,四轮车,排大木为之,上蒙以生牛皮,下可容十人,往来运土填堑,木石所不能伤,今俗所谓木驴是也"。对比二人的解释,轒辒的基本形态是四轮车,功用是藏兵运物,但也有不同。一是运兵的数量上有差异,李筌认为该车可运数十人,而杜牧则较为保守,称可容十人;二是杜牧的解释更为细致,对轒辒的制作工艺、材质有进一步介绍。可见,同一事物,介绍的细致程度不同,其呈现出的样态也不一样。作为能指的"橹"和"轒辒",即便是在解释之后也是指向了其他能指，还需要进一步解构。而在翻译时要在多大程度上对这些信息进行呈现，就需要译者做出选择。

符号的外在物质形式（言语、书写）即能指仿佛透明的玻璃容器，有活的水源（意义）源源不断地把水注入其中。容器里的水不断地注入、溢出，从外部观察，装满水的容器似乎没有什么变化，但变化却暗藏其中。道理如同古希腊哲学家赫拉克利特所说的那样："人不能两次踏进同一条河流。"符号（容器，即字词）保持不变，但意义（里面的水）却是不停变化的，并不断留下印迹。也正是从这层意义上，才有了解构主义有关语言在书写的同时又对自身进行抹除（sous rature）的说法。

如果把语言符号（能指）比喻为一个容器，那么意义（所指）穿梭其中，处于既在场又不在场的"二象性"状态。举例来说："他像只猪一样。"单独就这一句话来说，其中的猪就具有多义性，或者说猪的身上集中了诸多品性。相应地，在缺少语境的情况下，该句中的主语"他"就同时具有了多重含义。除非有更多的上下文背景来说明和佐证，否则很难确定猪在上述句子中的具体意义，也很难由此推导出"他"的具体意义。"他"和"猪"之间的相似性可能在于：都吃得多，都吃相难看，都长得胖，都好吃懒做，贪得无厌等等，当然，也不排除诸如憨态可掬之类较为积极的褒义。因此，只有在上下文语境中，符号的意义才可以作为语用效果被暂时固定下来。换了另外的语境，或者说在新的语言事件中，符号的意义也会随之发生变化。

上述语言问题反映到翻译中，就是我们要在多大程度上去"再现"或者转换原文的信息。如《孙子兵法》中一些有关中国古代军事或具有浓厚文化色彩的信息。这些信息历经岁月洗礼，有的已经无法追寻其在成书时的具体含义，有的现今意义已经与过去大相径庭，甚至即便对当今的中国读者也失去了意义。如《形篇》有"故胜兵若以镒称铢，败兵若以铢称镒"一句。其中，镒、铢二字已经在现代汉语使用环境中消亡，其具体内涵对于普通读者而言不得而知。而普通读者也无须了解它们的具体含义，他们可以根据自己以往的文化和知识积累，判断在该句中上述二字用来表示两种悬殊力量的对比，并且同句中还有"胜兵、败兵"这样的语境信息帮助他们做出上述判断。而查证这些具体信息，则要留给专业人士去完成。自然，这并不是推脱译者的查证责任，译者的职业伦理要求其去做这样的工作。但是，在查证之后，有无必要把这些信息反映到译文当中，并且以何种形式，则在较大程度上有赖于译者的决断。事实上,在该案例中,大部分译者在译文中都没有反映出它们的"绝对"数值,而是采用译入语(英语)中的既有词汇。这样,镒和铢的"原有"意义历经岁月洗刷变得模糊起来,这两个字基本上已经退出了流通市场,成为汉语这个语言机体"死去"且被代谢掉的部分,而翻译过程再一次让它们发生形变,只留下依稀的印迹。

印迹本身没有意义,却通过差异游戏生成意义"效果"。印迹总是可以重复的,通过在传统符码系统内重复,印迹累积并浓缩稳定的关系组合和意义效果,使它们有可能得到阅读或者解释。文本能够被人理解,恰恰是因为"它们的印迹是经过编码的重复"(Davis,2004:30)。此处提及的稳定是语言重复使用的结果,并不是自然存在的,不是普遍存在的,也不是恒久存在的,而是相对稳定的,因此也是可变的。

除了印迹之外,撒播也影响着文本意义的生成:

"在德里达看来,撒播是一切文字固有的功能。撒播不断地瓦解本文,揭露本文的零乱无序、松散重复。本文的撒播性的解拆力量可以对在某种语境中产生的任何一种主题或意义加以内部瓦解并予以否定,瓦解否定的不断性构成作品本文意义永无止境的所指意义域,在丰富着本文的无穷意义之中延伸了作品的生命。"(胡经之、王岳川,1994:380)[①]

意义是语言的一种效果,而并非什么先于语言、仅仅通过语言表达出来的在场或先在,因此并不能简单地从语言中提取出来再移置到另一种语言当中。文本中的字词不会凭空产生,在被运用于文本之前,它就早已处于使用交流的过程之中了,先期已经积累了一定的意思,也可能存在多义性。为了交流有意义,字词的意思在一定程度上是相对固定的,但同时也是引用的结果,具有互文性。在长期使用过程中,人们对于字词的意思取得了一定的共识,其意义则趋于稳定。文本像一张网,把字词编织其中。但是,字词的意思并不会因此而固定下来,还会随着使用重复而发生变化。一方面,重复是人们在交际过程中必不可少的过程;另一方面,字

---

① 该段引文中的"本文"对应的英文是 text,本书中统一用"文本"指称,以免引发读者不必要的误解。

词在每次重复中意思不会保持不变,每次使用都意味着不同的语境、不同的事件,字词的意思也会因此而产生不同。很多时候,人们看似在谈论同一件事,表述同一概念,但其内涵并不相同。

美国学者朱迪斯·巴特勒(Judith Butler)曾举例说明"重新赋义(resignification)"(Olson & Worsham,2000:759-760)。一天,有个孩子在大庭广众下问她:"你是女同性恋(lesbian)吗?"她答道:"对,我是女同性恋。"在两人的问答中,女同性恋这个字眼出现了两次,处于同一语境下,但显然它们的含义是不同的。在孩子的问题中,女同性恋是世俗观念构建起来的概念,被赋予了负面意义。而巴特勒没有回避这个让人难堪的问题,通过正面回答,并且重复相同的字眼,巴特勒赋予这个词以新的意义和力量,她以这样的身份而自豪。就这样,女同性恋这个能指在短短一两秒的时间内,虽然处于同一对话语境,但由于语词的发出者不同,言说对象以及输出方向不同,意义是变动的、游移的,也是不确定的。

同样,《红楼梦》里刘姥姥理解的茄子也不同于贾府大观园里那过了无数道工序、"要十几只鸡来配"的茄子(赵一凡,2007:275)。同样的语言符号(能指),但背后承载的信息不同,对于不同人的含义也不同。

能指与所指之间存在约定俗成的结合,这一点不容否认,这也是我们认知事物、认识世界、传承知识的基础。但随着时间的推移,这种结合也会松动,也会发生变化。特别是涉及翻译、涉及语言间转换的情况时,这一问题就更加明显。译出语语言内的能指/所指结合体(即语言符号,sign)可能在译入语中找不到对应的语言符号,或者找到了所谓的最佳对应语言符号,但其能指与所指的结合或意指方式(mode of intention,本雅明语)又不同于译出语中对应符号能指与所指的关系。此时,译者只能退而求其次,不得已而用之。

一方面不存在完全稳定、可控的语言,因为语言一直处于发展变化之中;另一方面也不存在完全不受控制、规范,自由嬉戏的语言,因为那样的话,人们可以随意赋予语言任何意义,语言交流就成了问题。上述两种情况都属于虚妄的神话。解构主义并不等同于虚无主义,它只是强调稳定性中蕴含着不稳定性,提醒人们不要僵化思维,用一成不变的眼光静态去看待语言和其他一切事物。同时,意义的解读也要遵循一定的规则,不能自由嬉戏、胡乱解读。德里达不承认文字可以不受任何约束,可以有各种意义,"当涉及自由嬉戏时,不可能有'完全'一说"(Derrida,1988:115)。

3.2 解构主义哲学观

解构主义从消解语言层面意义的确定性以及言语中心主义入手,进而在哲学层面解构逻各斯中心主义、二元对立,重视差异性、重视他者、重视边缘声音。

解构主义认为,逻各斯中心主义深植于西方形而上学传统。逻各斯一词源于古希腊语,意义众多,最初意为言谈或者说话,后来引申为规律、本质等其他意义,外在表现为言语。西方哲学传统把逻各斯看作事物背后的本质和根本,在不同哲学家那里有不同的称呼。逻各斯中心主义是一种在场的形而上学,先行设定一些无须证明的所谓超验所指,如思想、真理、本质、实在、理念、根本、上帝等,然后围绕其构建起形而上学的大厦。解构主义指出,这些超验所指自身即是差异化或称延异的产物,起源处便为差异,基础不稳,形而上学的大厦也随之将倾。

解构主义完成了对逻各斯中心的解构,围绕着逻各斯中心构建起来的各种结构也应声瓦解。文本作为一种结构自然也难以幸免。在解构主义视角下,文本自身不再是统一的整体,拥有唯一的意义中心,意义明确,没有杂音。根茨勒分析了福柯对于"作者"身份及原文本神圣地位的解构,指出在确定文本"意义"时,不应只看到其连贯、统一、明确表达的一面,文本中的空白、逆转、差异、矛盾及静默也同等重要(Gentzler,2004:150)。在此情况下,对于文本的阅读,应注意不能走两个极端。首先,不能盲目相信文本只有唯一正确的释义和解读。文本的意义并不是先于语言的自我在场,文本意义的唯一性、完全自洽只是一种神话。"语言中的稳定要素——历史重复、法典化、制度化——可以接近文本,但不能穷尽和关闭文本"(Davis,2004:32;王一多,2012:76)。所以,文本可以有不同方式的解读。其次,解构式阅读并不是随意地发挥解读,按照自己的喜好肆意去解释文本的意思,或者"指鹿为马"式地强行赋义。阅读者要具备熟练的语言技能,尽可能多地掌握充足的相关信息,并在此基础上对文本做出"不一样的、站得住脚的解释"(Davis,2004:31)。这里的"不一样"并不是刻意求新,或者为求新而故作惊人解读,而是要在遵循语言和文本规律的基础上,发掘更多的意义可能性。

从解构主义视角去看待翻译,还意味着要对一些人们习以为常的概念如"(不)可译性""决策"等进行拆解,从中发掘出新的内涵。"每个概念都铭写于某个链条或系统之中,它在其中通过差异的系统性游戏指涉他者,指涉其他概念。"(Derrida,1982:11)例如,语言学范式下的翻译研究追求原文和译文在意义(内容)、形式等方面的对等。这实际上就将意义视作一个客观存在的实体,译者需要做的就是把意义从一种语言转移到另一种语言中去,同时,意义和语言形式是彼此独立的,意义与形式没有关系。解构主义哲学观提醒我们,在对待意义、形式这样的概念时,头脑中要打上问号。例如:什么是意义和形式,意义是否真的可以独立于语言而存在,形式是否构成意义,等等。通过思考,我们会发现,原来一些习以为常的概念其实不然,其定义的边界也在不断变化调整。

德里达认为,"二元对立"是传统逻各斯中心论的逻辑基础。在不同的二元对立中,第一项往往处于支配地位,更为本质,而第二项则处于从属地位,是衍生性的。解构主义主张从内部重新审视两者之间的关系,从中发现矛盾,利用"自毁原则"来揭示二者间看似天然的等级关系实则禁不起推敲,使得对立自行瓦解。这种做法有利于打破人们对于事物的固有看法、传统偏见,形成新的认识。同样,解构主义运用到翻译研究领域,也可以启发我们换个角度看待翻译中存在的各种二元对立,如直译与意译、归化与异化、原作与译作、译本正文即译文与副文本等等,尝试以解构性思维对它们进行分析,在此基础上对原有关系予以扭转或转化,以新的视角看待翻译中存在的各种问题,形成新的认识,进而对以《孙子兵法》为代表的中国文化典籍的英译有所启示。

直译与意译之争,是传统翻译理论中的一个恒久话题,它与后文中讨论的种种二元对立也有着直接或间接的关系。直译与意译,推至极端,也就是所谓的"逐字翻译"或"死译"和"活译"或"乱译",是译者进行翻译时可能做出的极端选择。人们把直译和意译推至极端,往往是为了说明问题而故意为之。以"逐字翻译"为例。现实生活中,两种语言间的差异决定了以这种方式译出来的文字佶屈聱牙,令人不忍卒读,像英汉差异如此巨大的语言间的翻译更是如此。而"乱译"更是有违常理,违背合格译者的职业伦理操守。现实实践中,也不会有译者以乱译为己任去从事翻译。在《孙子兵法》的译者队伍中,有译者尝试以逐字对译的方式,但那也只是翻译过程中的一个阶段性操作,目的只是为了展示汉语原文中的字词对应的英文表述,向译文读者展示英汉两种语言之间的差异。

在大多数情况下,译者的翻译行为介于这两种极端情况之间,具体视翻译过程中遇到的问题而定。人们只能大体确定译者有活译或逐字翻译的倾向,但在面对一部译作时,很难明确断定或区分译者的译法属于哪一极。从解构主义的视角来看,直译与意译并非势同水火,一方占据绝对优势压制另外一方,可以是彼此共存共生的关系。因为在实际翻译中也是如此,译者不可能一味地诉诸直译或意译,二者结合使用才是译者普遍采取的方法策略。在传统译论中,人们更关注直译与意译的差异与对立,却忽视了二者的互补与共生。或者说,人们人为地区分了直译与意译,并一味强调它们之间的差异,从而制造出一种新的二元对立。但在大量的翻译实践中,两种方法的交替使用却往往是常态。

英国翻译家纽马克翻译理论的发展变化正好也说明了这一点。纽马克借鉴他人成果按功能把文本划分为三类,分别为表情类(expressive)、信息类(informative)、呼请类(vocative),并在此基础上提出了语义翻译(semantic translation)和交际翻译(communicative translation)两种翻译方法。表情类文本主要指一些权威性文本,作者拥有绝对话语权或者显著地位,文学作品属于此类文本,多采用语义翻译,而后两类文本多采用交际翻译。根据文本功能来确定相应的翻译方法,这是纽马克的一大创新。翻译方法的选择有了参照依据和标准,不再单纯依靠译者的好恶而定。尽管如此,语义翻译和交际翻译作为翻译方法仍难以避免构成一组对立。为说明它们与传统翻译方法之间的区别,纽马克还给出了翻译方法的 V 形表 (Newmark,1988:45)。

表 3.1 纽马克翻译方法 V 形表

SL emphasis	TL emphasis
word-for-word translation	adaptation
literal translation	free translation
faithful translation	idiomatic translation
semantic translation	communicative translation

在表 3.1 中,纽马克列举了八种翻译方法,分属两大类,即以源语语言为重心

和以译语语言为重心。从这些翻译方法的排列分布看,以逐字/词翻译(word-for-word translation)与改写(adaptation)两项间距最远,分别代表了两类翻译方法的极端情况。其后,直译(literal translation)与意译/自由翻译(free translation)、忠实翻译(faithful translation)与地道翻译(idiomatic translation)、语义翻译与交际翻译,这几组相对应的翻译方法间的距离依次缩小,则表明它们彼此之间的差异也逐渐减少。例如:纽马克定义忠实翻译为"尝试在目标语语法结构的限制内精准再现原文的语境意义"(Newmark,1988:40),而与忠实翻译相比,语义翻译的不同之处在于,后者更关注原文的"美学价值",相对而言更为灵活。交际翻译也要"准确传达原文的语境意义",同时对于读者而言译文的内容和语言"易于接受和理解"(Newmark,1988:40)。通过比较可知,语义翻译和交际翻译具有较大的共性,再现"原文的语境意义"、注重语用意义是它们共同的首要目标,在此共同基础上然后才各有侧重。语义翻译和交际翻译是纽马克提出的两个重要概念,纽马克认为在上述翻译方法当中只有这两种才能实现翻译的两个主要目的:准确和精简(Newmark,1988:47)。从上述分析可以看出,相较于传统的直译与意译,语义翻译和交际翻译更为趋近,相互之间的融合度更高,也可以看出纽马克想要化解直译与意译之争的良苦用心。在直译与意译的选择问题上,不再偏执于一端,而是把文本类型纳入进来,作为影响翻译方法选择的重要考量因素,可以说相对于过去是一大进步。但是,其语义翻译和交际翻译仍旧存在问题。首先,在对相关概念的界定上,"原文的语境意义"产生于原文文本的能指游戏,并非明确的实体,是译者作为阅读者和阐释者理解的结果,见仁见智,可作不同解读。其次,三种文本类型之间的划分并非泾渭分明,一个文本本身可能包括多种语言功能,只不过某种功能较为突出一些,但并不能因此否定文本其他功能的存在。再次,两种翻译方法去对应处理三种文本类型,这本身就存在问题。这就意味着针对有的文本类型,两种翻译方法势必要交叉使用,而且译者还要根据自己的判断,对于两种翻译方法使用的度进行调整。这个过程是动态的,也很难规定按照一定比例确定两种翻译方法的使用。有鉴于此,纽马克后期又提出了翻译的关联法。翻译的关联法指出,"原文语言越重要,就越需要紧扣原文进行翻译;原文语言越不重要,就越不需要紧扣原文进行翻译"(Newmark,1998:106)①。按照这种观点,以《孙子兵法》为代表的中国古代典籍语言精练、句式简洁,特别是《孙子兵法》,文中多用排比、对偶句式,读来朗朗上口,这些构成了原文极为重要的语言特征,自然也应在译文中有所体现。但是,从实际情况看,不同译者根据需要和翻译目的采用了不同的翻译策略。单从译文字数看,不同译本间甚至可相差数千个单词,这对于原文仅有 6000 左右字数的文本来说,不可谓差异不大。

但同时可以看出,相较于前期的语义翻译和交际翻译,翻译的关联法更为灵活,摆脱了二元对立的窠臼,在翻译过程中可以视情对各种翻译方法进行综合运用,不必再把选择局限在语义翻译和交际翻译二者之间。当然,翻译的关联法也有其自身问题,如相关表述中的"语言""重要""紧扣原文"等需要进一步明确和解释。但是解释过程又涉及其他语言能指,受其他因素的制约和影响。比如:语言的重要与否如何确定,译文怎样处理才算作"紧扣原文"等等,都需要人们通过语言加以界定。于是,翻译的关联法的问题也就内在于其灵活性之中,易于导致标准与规范的流失,并为人所诟病。从前述《孙子兵法》的翻译实践看,翻译的关联法也并没有成为翻译的金科玉律,实属必然。

形式与内容这一组二元对立,从解构主义视角来看,也无所谓主次之分。传统翻译理论对形式与内容进行了二分,仿佛它们之间可以进行切割,认为形式只是形式,与内容无关,内容意义则是先于语言形式的存在,语言是内容的外衣,只是用来表述内容的工具。相应地,注重形式转换的倾向于直译,注重内容转换的倾向于意译。但事实是,这两者往往你中有我,我中有你。形式往往体现了一定的内容意义,而内容往往与特定的形式相关联。

信、顺之争属于翻译标准问题,是形式与内容二元对立的一个变体。按照字面理解,"信"体现在译文对原文把握与再现的信,而"顺"则指的是译文的语言或者说表达方式应该合乎译入语的表达习惯,译文读起来贯通、顺畅。信与顺构成二元对立,其中隐含着"信即不顺"的意思,即译文为了信于原文,可以以牺牲译文的可

---

① 原文为:the more important the language of the original, the more closely it should be translated; the less important the language of the original, the less closely it need be translated. 译文为笔者所译。

读性为代价。但我们不禁要问,信究竟是要信于什么,是原文的内容,还是原文的形式,抑或二者兼顾? 如果原文读来朗朗上口,而译文却晦涩难懂,那又如何体现译文对于原文的信呢? 可见,信、顺之间彼此相互界定,意义也较难确定。提及信、顺,不免让人想起鲁迅,最先映入人们脑海的恐怕就是其"宁信而不顺"的翻译主张。如果把"信"和"顺"看作一组对立,那么鲁迅选择的天平显然更倾向于前者。殊不知,鲁迅提出这一主张是对赵景深"宁顺而不信"的回应,是就事论事的看法,并把读者因素纳入了思考翻译标准的视野。他把大众按受教育水平分为甲、乙、丙三类,并根据每类读者的水平提出了对翻译的不同要求。针对受教育水平最高的甲类读者,才有"宁信而不顺"的翻译主张。另外,"信"和"顺"并非截然割裂和对立,二者间的矛盾全然不可调和。这里的"不顺"也并非那种佶屈聱牙式的"不顺",不是"'跪下'要译作'跪在膝之上'"(鲁迅,2005:391)那样的不顺。换言之,不顺也并非一味的、绝对的不顺。因此,"宁信而不顺"的提出有其自身的语境,是有诸多条件限制的。但现实当中,"宁信而不顺"却被人断章取义,成了鲁迅的签名、标签和记号,被笼统地概括为鲁迅的翻译主张。"宁信而不顺"从最开始提出时针对部分读者的翻译主张,逐渐变为不加区分的"宁信而不顺",还被强行与鲁迅的翻译观念画上等号。这个过程体现了"宁信而不顺"作为翻译标准或原则在历史长河中的意义流变,也是许多概念变化的一个缩影。

对事物进行二分,分出主次、轻重、缓急,这符合人们认识事物的规律。但人们并不能因此囿于二分的固化思维。事物往往不是泾渭分明、非此即彼。按照唯物主义观点,矛盾可分为主要矛盾和次要矛盾,二者相互依存,没有次要矛盾也就无所谓主要矛盾,并且主要矛盾和次要矛盾可以发生相互转化。也就是说,其中关系不是静态的,而是动态发展的。可以看出,此种认识与解构主义之间存在相通之处。

在对外翻译中,归化和异化并非彼此之间矛盾不可调和的一对翻译策略或手段。归化和异化都是相对而言,二者应该相辅相成,不能预先设定立场,偏执于一方。在向世界推介中国文化时,一方面要重视中国文化的异质性,把优良文化传递出去,让世界客观地了解和认识中国;另一方面,也不能失之偏颇,还要考虑译文读者的接受。过分突出异质性,结果没有读者群,这样的翻译起不到文化交流的作用;而一味迎合译文读者的品位,把中国文化强行纳入西方文化语境中去推介,这也不是我们对外文化交流的初衷和归宿。在典籍外译的不同阶段,需要运用不同的翻译策略,以适应不同阶段的不同需求。

此外,文化间的交往不应有高低上下之分,也不必一定分出优劣。我们主张秉持务实的态度,求同存异,和而不同。在对外文化交往中,既要向外传递信息,表达交流的意愿和诚意,又有必要保持自己的文化特色。这才是各国间文化交流的题中应有之义。

3.3 解构主义翻译观

具体到解构主义翻译观,解构主义思想大师们并不提出特定的翻译理论,而是常常利用翻译来研究语言的本质问题或是表达一定的哲学理念。本雅明《译者的任务》、德里达的《巴别塔》、韦努蒂《译者的隐身》被认为"是解构主义翻译观发展的三个里程碑"(蔡龙文、宫齐,2011:144)。本节分别就其各自主要观点加以讨论。

3.3.1 本雅明的翻译观

本雅明的"纯语言"是他在《译者的任务》一文中提出的极为重要的概念。本雅明认为,在人类各种世俗语言的背后,存在一个超越它们、高高在上的纯语言。这个纯语言是本雅明心中的逻各斯。它仿佛巴别塔那样,似乎存在,但又遥不可及,以预期为现实,是本雅明自己构建起来的一个幻象。在本雅明那里,翻译的目的不是为了传递意义,而是为了彰显语言间意指方式的差异,最终实现纯语言。这种观点时至今日仍显得惊世骇俗,让人难以接受。但同时,它也有其合理之处。

本雅明把"纯语言"比作花瓶,而把原作、译作比喻成花瓶的碎片,把翻译比喻成碎片的拼接黏合,这个比喻本身也就表明达到"纯语言"状态是不可能的。从现实意义上讲,如果花瓶碎片散落一地,首先,是不可能把所有碎片找齐,其次,即便找齐再黏合在一起,此时的花瓶也绝非最初那个完整的花瓶了。自从巴别塔被上帝摧毁,"纯语言"即便最初存在,也伴随着巴别塔的消亡而不复存在了,再也回不到本雅明构想的那个原始状态。

对于本雅明来说,纯语言只是一种理想或者幻想的寄托,其根基在于圣经故事。而纯语言只能存在于人的想象之中,其存在并不能得到证实,神的语言只是另一种形式的形而上,是逻各斯中心主义的一种变体。本雅明已经认定了这种神的语言的存在,并在此基础上展开了他的论说,希望可以借助翻译提升人类语言,有朝一日重现神的语言。

在原文和译文的关系上,意义不再是紧密联系二者的纽带。除了把它们比作花瓶的碎片,本雅明还使用了圆和切线的关系比喻,意义只是圆和切线相切的极小的那个点,然后,切线即译文就会按照自己的方向前进发展,成为独立的个体。本雅明把文本视作生命体,为文本赋予生命,不再把翻译过程简单看作文本从一种语言到另一种语言的转换,而是看作原文文本的成长和生命的延续。译文成了原文"后起之生命",译文与原文之间不再是简单的复制,而更像子女与父母的关系,是基因的传承,生命的延续。子女并不是父母简单的复制品,因此也就解构了译文与原文的关系,不再强求译文忠实于原文,与原文对等,保持一致。从宏观历史角度看,父母的生命基因还要仰仗子女去承继。同理,原文因为译文而得以继续存留于世,获取"后起之生命"。

在翻译方法方面,本雅明推崇隔行对照的方法,其目的是为了彰显语言间意指方式的差异,"要周到地细腻地融会原文的意指方式,从而使原文和译文成为一种更大语言的可辨认的碎片,恰如容器的碎片是容器的组成部分一样"(本雅明,1999:287)。该方法的最终指向还是纯语言。需要指出的是,它特别针对《圣经》翻译,以及以诗歌为代表的文学作品的翻译,有具体的适用对象和范围。

该文带有较为浓厚的宗教神秘色彩,其作为翻译理论的积极意义在于,他从一种新的视角看待翻译的目的,剖析原文与译文、源语与译语的关系,从而打破了人们对于翻译的固有认识,进而赋予译者更大的责任和自主权。

3.3.2 德里达的翻译"理论"

对于德里达的理论,人们往往进行不同的解读。这恰恰说明,作为"德里达理论"这一专有名词,它并没有明确的、意义自洽的、一以贯之并且没有任何歧义的具体所指。德里达本人也极力避免对自己的"理论"进行概括说明。德里达的著作多属于寄生性文本,在对他人文本进行阅读的基础上加入自己的阐释。"德里达理论"作为一个概念,它应该是动态的,随着人们的解读而不断丰富。人们只能不断地趋近"德里达理论"这一概念,而不能说真正绝对地掌握了它。静态概念正是德里达所反对的,它是逻各斯中心主义的一种表现。德里达对于翻译的认知,主要见于前文提到的《巴别塔》和《何为"相关的"翻译?》,也零星散见于他的其他著述当中。

巴别出现在《圣经·旧约》之《创世记》第 11 章。作为专有名词,巴别应该是个指向明确、意义单一的概念。但是,在德里达《巴别塔》一文中,这个专有名词被解构,被赋予了多重意义。除了圣经故事中的所指本体意义之外,巴别塔还具有象征和比喻意义。人类建造巴别塔,喻指人类对于共同语言(即原初语言、纯语言)的向往。但后来这一进程由于上帝的介入而失败,则象征了纯语言神话的幻灭。可以说,巴别塔既是对纯语言的构建,同时又是对它的解构。

巴别塔的比喻意义在于,它是一座从未现实存在过的人类建筑,它只存在于人类的构想之中。这座建筑一旦建成,就意味着人类可以用共通的语言进行无障碍的交流,可以做成任何事,具备与上帝相仿的能力,也因此不见容于上帝,致使后者中断了这一工程;同时,它还象征着完整的结构、语言的原点、确切的所指、意义的共核,而因为它从未建成过,也就意味着人类的这些理想实际上只是一种虚妄、一种幻想。巴别塔本身就是一个神话,一个在起源处已经先行自我解构的神话。另外,人类的巴别塔工程中断后,人类语言被打乱,产生了不同的具体语言,随之也带来了翻译的必要性。从这层意义上说,巴别塔既是翻译产生的起源,又是翻译难以企及的归途。这呼应了本雅明《译者的任务》中关于翻译的认知,即翻译是译者难以偿付的债务。

翻译中对于词的多义性如何处理? 德里达《柏拉图的药》中 pharmakon 的翻译个案有一定的代表性。pharmakon 一词具有很多意思,例如毒药、解药、对策等,其中有的意思如"毒药""解药"截然相反。pharmakon 这一能指符号成为意义游戏的场所,语境和作者意图决定最终意义。如果意义突破了文本语境及作者意图的限制,则可以做出不同解释。可是,语境和意图是解释的产品而并非其来源。换句话说,文本语境和作者意图也是解释者(阐释者)解释得出的结果,但它们却以其依据的面目示人。通常译者会结合语境选择最为恰当或合适的意义,但一旦译者做出选择,那么 pharmakon 在原文中的多义并存的状态就会戛然而止,并且有可能产生新的含义。

如果说延异作为意义生成的方式包括空间维度的差异以及时间维度的延滞,那么解构主义翻译观则又在此基础上加入了语言间转换这一维度。因为不同语言的意指方式是不同的,无视不同语言间的差异性或者将其同质化的做法都是不正确的。

在《何为"相关的"翻译?》一文中,德里达就 relevant translation 的含义试着给出了解释,"简单说就是'好的'翻译,与人们的期待相符合的翻译,简言之,履行了使命、偿付了债务、完成了任务或者职责的一种表达,同时又在接收语言中抄写了对原文最适当的对应词,所用语言是最正确的、合适的、相关的、充分的、适宜的、明确的、无歧义的、地道的"(张霄军,2010:78)。这一系列对"好的"翻译进行界定的形容词又有待进一步解释与阐发,"好的"翻译因而也陷入语言的能指链条之中,由能指到能指,却始终难以抵达所谓的终极所指。因此,虽然"好的"翻译被附加了诸多限定词,但效果就像钱钟书先生所言翻译之"化境",只可意会,不可言传。德里达看似通过这一表述对理想翻译进行了界定,但实际上又通过文章中 relevant 一词的不同理解和处理对"好的"翻译的说法予以否定。

何谓"适切/恰当/合适"翻译,即一种理想状态的翻译?人们只能不断地趋近那种状态,但却永远无法真正到达。如同 relevant(e) 这个词,在英语和汉语当中对应着不同的翻译,同时在词源上既有可能是法语词,也有可能是英语词。relevant translation "是一个翻译的隐喻,说明了翻译负债于原文,一个又一个的译本不断补充原文,使之获得新生"(王颖冲,2011:18)。一部作品在译语语言中也有无数的译文文本与之呼应,而不存在唯一"正确"的一个译文文本。这众多的译文文本合在一起,反映了原作在译语中的不同形态。从不同的视角去看,原文在译语中的最佳的点是不同的。所以,拿一把尺子去衡量一个译文是好是坏的做法掺杂了很强的主观性,实属不可取。这对应的现实情况是,衡量翻译质量往往只能靠评判者的资质来最后一锤定音,标准的厘定具有极强的主观性。翻译的工作不像田径比赛,有精确的仪器来打分,而是人为因素影响较大,评判标准不能使人信服。翻译质量需要有标准,这是毫无疑义的,但同时又不能盲目迷信于标准。

有研究者为评而评,选取符合自己观点的例证来说明问题,而对于那些不符合自己观点的例子则选择性忽视。或者把自己的观点强加在一些例子上,为了说明

问题而找问题。如程虎(2015)为了说明误译问题,援引例句:凡此五者,将莫不闻,知之者胜,不知者不胜。(《始计篇》)

其中,程虎引用贾译本①的译文为:These five heads should be familiar to every general [sic] he who knows them will be victorious; he who knows them not will be fail.②

程虎(2015:136)称,贾译本仅将其译为"know"(知道,了解),对"知"的含义只译出其字面意思,而非挖掘其中的深刻内涵,实属误译,没有林(戊荪)译本的 master 来得好。但 know 的释义中有 have a good command of; be familiar or acquainted with (something)的解释,可以对应"知""深刻了解,掌握其中规律"的含义。程虎仅仅选用了 know 最常用的意义选项来说明该处贾(翟)氏为误译,属于不当批评。另外,有的批评者只提出批评,但不拿出具体的修订意见。这一方面可能是由于批评者自身的水平有限,另一方面也可能是翻译的有限性使然。由于原文高度浓缩,意义精练,译入语中没有对应词进行翻译,这时只能采取大致相当的做法,译者从自己的知识储备体系中找到自认最为相近的词汇来传达原文的意思,实属无奈之举和权宜之计。

翻译标准拟定得越细,其针对的问题越具体,就越容易出现覆盖不到、解释不了的情况。另外,翻译标准的表述都离不开语言,但如此一来,当人们在理解翻译标准时免不了对其进行分析、厘定。于是,语言的模糊性、多义性问题便又突显出来,解释那些标准、定义的过程其实就像一个个意义链,在对一个概念进行澄清的同时,又出现新的概念需要进行解释、定义。如此,这个过程会一直持续下去。同一概念、同一定义产生不同的理解和解读也十分常见。

3.3.3 韦努蒂的译文"忠实"

提及韦努蒂,人们最先想到的是其"异化翻译"。但是,韦努蒂的异化论旨在抵制西方中心主义,推翻强势语言和文化的霸权,消解西方与东方的二元对立,无异于在异化、归化二者间人为制造了新的二元对立。葛校琴曾提醒国内研究者不要

---

① 此处贾为贾尔斯的略写,即 Lionel Giles,翟林奈为其常用中文音译译名,也有取其姓作贾尔斯或翟理斯。
② 实际翟林奈译文在 general 后加有冒号。

一味标举异化,而要注意区域性差异,以免"将民族主义等同于霸权主义"(葛校琴,2002:34)。刘骥翔分析了解构主义思想在中国学术语境中被误读的情况,指出韦努蒂的"异化翻译"思想有别于解构主义思想,"并不是解构主义思想精髓的体现"(刘骥翔,2009:77)。同时,在《孙子兵法》众多翻译实践中,归化和异化均有,单独强调异化并不能反映实际的翻译生态。因此,本书不拟将其异化论纳入研究的理论框架体系,仅取其有关译文"忠实"的相关论述。

韦努蒂在《重新思考翻译》的前言里指出:"译文是永远不可能'忠实'于原文的,多少总是有点'自由'发挥。它的本体从来不确定,总是存在对原文的增减。它也从来不可能是透明的表述,而只能是一种诠释的转化,把外语文本里的多义与歧义显露出来,又代入同样多面、同样分歧的意义。"(Venuti,1992:8)

译者对于文本的"义务"或"债务",就是结合新的情况、新的语境,去对原文进行分析,力求对原文意义进行最为贴切的理解,再以最贴切的译语完成对原文的翻译转化。由于新的情况不断涌现,认识不断更新,译者/读者不可能求得原文所谓的在哲学层面上的终极意义,所以译者也就永远背负上了这样的"债务",不能满足于现状,也不能断言自己的译作就是最终翻译,容不得一丁点儿的变动。

译者的债务应该是一种自觉的、自我施加的债务。也就是说,自从译者决定接受翻译任务时起,他(她)就背负起了这样的债务。这个债务就是不断地更新自己对于原文的认识,力争精益求精,向着追求并再现"原文本意"进发,而不是满足于一时的认识,就止步不前。这种债务不是为所欲为的胡译、乱译,而是受到翻译或译者伦理的约束。

译者与原文对话,形成自己的理解和译本,这一过程并非有意识的,而是经过职业训练或长期从事翻译而形成的无意识或潜意识下的一种译者行为,译者仍然认为自己在"忠实"地再现原文,只不过这种忠实并不是绝对意义上的忠实,而是夹杂了众多影响因素的忠实。译者主观上"忠实"于原文,或"客观"再现原文,这样的说法本身就具有矛盾性。"忠实"由于原文意义的不确定性而变得不切实际,这种"忠实"只能建立在译者本人对原文理解的基础上,而这种理解也具有历史性,还会随着译者阅历的增长而变化。所以,从这层意义上说,解构主义并没有为所谓的"乱译""胡译"背书。它只是主张要摆脱过去那种传统的意义观和结构主义语言学影响下的对等论。译者有自己的翻译伦理,坚持自己的翻译原则,并非鼓励"胡译""乱译"。译者翻译行为上具备伦理"忠实",换句话说,就是不同的人可以有不同的理解,但这些理解要基于一定的依据之上,不可凭空生发。其实质是反对翻译的唯一正确标准,译文可以呈现出不同的面貌,这也是翻译实践中的现实生态。正如刘骥翔所指出的那样,"解构主义翻译思想解构的是'忠实'的译文,而不是'忠实的翻译行为'。前者是基于语言意义的不确定,后者则是涉及译者的伦理道德和责任"(刘骥翔,2009:75)。

翻译过程不会呈现在译文读者面前,译文读者接触到的仅仅是最终的产品,即译作。或许译文读者能有幸在翻译札记中窥得翻译过程的一角,但那终究不是翻译过程的全貌。译者的深思、在头脑中的反复考量,这在翻译札记中并不会得到完全的反映。特别是随着计算机的普及,译文可以随时进行修改,如果不是一直开启修订模式,译文读者更是无从知晓翻译过程中所发生的一切。即便开启了修订模式,又有多少人会费尽心思去了解译者翻译过程中的心路历程?

译者在翻译过程中不断做出选择,这也是一种责任和担当,这个过程中也包含了德里达所讲的"翻译伦理"问题,即以一种负责任的态度去从事翻译。这种态度否定了胡译、乱译等不负责任的做法,再加上译者的职业水准,可以保证翻译出来的作品是 relevant 翻译,至少对译者而言是最为确切/恰当/合适的翻译。

综合以上分析可知,从解构主义视角研究《孙子兵法》的英译,不仅要关注其英译现象在形而上层面所折射出来的哲学反思,也应关注其形而下层面由于延异、意义撒播等原因对翻译产生的影响。

3.4 本书的理据

以上分别介绍了解构主义语言观、哲学观和翻译观的相关理论和观点,可以看出,解构主义理论在多个层面上与翻译研究产生关联。本书准备在研究中具体运用以下理论和观点:

一、本雅明的"纯语言"说和德里达的"巴别塔"解读。本书将它们加以化用,将其视作有关翻译的隐喻,同时弱化它们的宗教神秘色彩。巴别塔具有较强的象征意义,它象征着语言的变乱,语言由一而多,由此伴随产生翻译的必要性;而由于巴别塔难以再现,事实上也从未建成过,因此普世语言也即纯语言难再实现,只要语言的多样性存在,语言间意指方式的差异就不会抹除,翻译活动也将一直持续下去。从这层意义上说,如本雅明的文章《译者的任务》(*Die Aufgabe des Ubersetzers*)标题所喻示的那样,译者的任务注定同时是项"失败"的任务。这是因为,首先,就具体的翻译任务而言,每次翻译都会留有遗憾,并不存在绝对意义上的完美翻译;其次,从形而上层面看,翻译也难以实现语言间意指方式的同一,并最终达致"纯语言"的理想状态。翻译因而没有终点。

二、德里达解构主义意义理论。延异、印迹、撒播、替补……,这一系列语词家族构成了解构主义视野下的意义生成机制。意义不再是先于文字的存在,而是能指指向能指、能指游戏的结果。文本呈现出开放性特点,不再是密闭的单一性结构,具备了多种解读的可能性。在此基础上,加之语言间的转换,意指方式的变更,译文也愈发具备多样化倾向。

三、解构主义去逻各斯中心、消解二元对立等哲学主张。解构主义事关破立之道,与尼采"重估一切价值"的主张不谋而合,其精神实质是一种批判性思维。《孙子兵法》英译中也涉及不同的二元对立关系,关注他者声音也是解构主义视角下开展《孙子兵法》英译研究的题中应有之义。

本书主体部分选取三个切入点展开研究:一是考察《孙子兵法》的音译现象,梳理音译背后译者多样化选择的逻辑和思考,分析解构视角音译、翻译乃至语言的性质;二是分析由于延异以及意义撒播所带来的理解及翻译多样性现象,同时探讨翻译的有限性问题;三是选择译本的副文本为研究对象,倾听翻译中的边缘声音,结合解构主义替补理论,剖析副文本对译本、原作、源语文化的形象反塑以及由此形成的译本多样化。

本书选择这三个切入点的原因如下:

首先,选取音译的原因包括:①音译对象往往是专有名词或者文化特色项/专有项,它们具有专属性、唯一性、意义明确、单一。德里达在《巴别塔》一文中讨论了专名问题。上帝把专属于自己的名赐予闪族人在建但却被上帝中断的塔和城,专名由神的语言进入了人类的语言体系,相当于经历了一次翻译,同时具有了多义性——既是塔名、城名,又有"混乱"的意思。这一事件具有重要的象征意义,语言由此不可逆地变乱,同时造成翻译的必要性和不可能性。这些使得音译现象具有了象征意义。②音译是翻译中的特例,集中体现了两种语言、文化间的差异,彰显语言间的联系与语言的变化,具有代表性。译者之所以会选择音译,是由于音译对象是两种语言、文化间的不可通约之处,译语中不存在源语中相关内容对应的表达形式,用本雅明的表述来说就是两种语言间的意指方式存在巨大差异,在他看来,翻译的目的正是为了向译语展示这种差异,实现译语语言的成长。

其次,选用意义流变的原因在于:①文本语言的理解和转换是翻译的核心问题,解构主义的相关概念和观点为译者不同的解读和翻译提供了理据。②同时,解构主义的文本解读和对意义生成的认识也有其约束机制,译者的解读是一种受限的自由,翻译也是一种"受规约的转换"。这也是对认为解构主义强调虚无主义、意义永远无法固定下来等看法的一种回应。③相关案例的翻译和传播已经关乎中国国家形象和中外文化交流的问题,具有较强的代表性和现实意义。

最后,选用副文本则在于:①副文本是译本重要的组成部分,与译本正文即译文构成一组二元对立,但往往被人忽视,人们一般认为译文为主、副文本为辅。副文本服务、保障译文,处于隐身和他者地位,不为人所关注。而对于二元对立关系的审视和解构原本就是解构主义的题中之义,议程之一。②译文对应原文的"一",而作为译文替补的副文本更多呈现出的是"多"。同一部《孙子兵法》,在不同译本中竟然呈现出众多面目,可见副文本在其中发挥的作用不容小觑。在译文与副文本、原本与译本、源语文化与译语文化这几对二元对立中,解构主义的替补逻辑在发挥作用。替补有两层含义:一是补充和增加,二是替换。该部分研究在替补机制下副文本对译本、原本以及源语文化的形塑。

这样,音译涉及专有名词及文化专有项的翻译问题,兼有其背后对语言间关系以及语言发展变化的思考,意义流变涉及文本的理解与翻译问题;副文本则把关注目光投向译文之外,研究副文本与译文之间的互动关系,尤其是副文本对译文的反向影响和作用。三个切入点的选择回归语言、回归文本,较为完整地覆盖了《孙子兵法》英译的诸多层面,能够较为全面地解释《孙子兵法》英译现象。

这三个切入点的选择把解构主义对语言、翻译、哲学的思考结合起来,并不割裂彼此,为《孙子兵法》的英译研究提供了新的视角,挖掘不为人所注重的翻译现象。

第4章

边界:《孙子兵法》的音译现象

解构主义学者质疑语言拥有清晰可辨的边界,独立于彼此,"没有哪种语言可以是有着明确和绝对界限的轮廓分明的实体"(Davis,2004:20)。我们很容易由"边界"一词联想到国家间的边界。一方面,边界表明国家身份及其政治上的可能性;另一方面,边界又标示着一国与别国间的关系,没有边界则一个国家就不能被认定为一个国家。边界区分着内外,又是内外联结的介质。历时来看,国家间的边界也在不断发生变化。天下大势,合久必分,分久必合。纵观人类历史,没有哪个国家的疆界自古至今保持不变。一个国家,从无到有,由弱到强,再盛极而衰,循环往复,与邻国的边界也在不断游移、变化,这也标示着国家作为结构的开放性。

语言间的情况也与此相仿。语言内在的区分表明了实体身份的有限性,即其在结构上不可能成为一个完全封闭的自我个体。语言的界限并非"可确定的"或绝对的,它既是一个边界,又是语言间或语境间的结构性缺口。换言之,语言既区别于彼此,又在相互之间的联系和差异中对自身进行界定,这种二重性是语言较为本质的存在状态,也符合解构主义对于事物的认知议程。一种语言之所以被认为是一种语言,是因为它存在异于其他语言的成分。同时,这种语言的内部也进行着区分,只是这种区分和差异并没有大到可以催生新语言的程度。语言间的谱系关系即是按照彼此之间的联系和差异大小进行划分的。

就整体而言,语言是人类与外部世界互动的结果。语言从无到有,反映着人类对外部世界的认知发展,这也使人类语言有了共同的物质基础,语言间也有了能够交流的基础。不同语系、不同族系的语言之间也有共通的内容。从这层意义上讲,人类的各种语言似乎存在共同的来源基础。也是在这层意义上,本雅明的"纯语言"和德里达讨论的《圣经》中人类在建造巴别塔前的语言合一的状态才有了可能性。自然,纯语言只是人们构想出来的一种理想状态,是一种神话,代表着人类对于同一的执念。目前的考古研究并不能证实人类语言曾经存在那样的状态。即便存在过,在可预见的将来,那种状态也不会复现。与此同时,人类所面临的具体环境又有所不同,因此人类的思维模式、对外部世界的认知模式也存在一定差异,这种差异同样在语言中有所体现。例如:相较于生活在热带地区、很少见到雪的人,因纽特人对于雪的种类划分更为复杂,表达词汇也更加丰富。同理,居住于热带沙漠地区的人的语言中有关沙漠的词汇就要丰富得多,而关于船只的词汇则相对匮乏。

　　从历时角度看,语言文化间的对话与交流是促进语言发展变化的重要因素。而这种对话与交流自然缺少不了翻译的介入。历史上,由于战争或环境变化等因素而造成的人口迁徙也带来不同语言间的交融,形成了不同的语言变体,进一步打破了语言间的壁垒,打破了语言独立于彼此的神话。语言间互通、借鉴的现象古已有之。各种语言彼此交流、互相影响,进而带来自身的变化发展,也是不争的事实。例如:在我国新文化运动时期,提倡白话文,反对文言文,而翻译就是白话文的主要来源之一。鲁迅曾主张"宁信而不顺",通过译文来对我国语言进行改造。本雅明也引用潘维茨的话,要求译者借助翻译,"通过外国语言来拓展并深化自己的语言"(Benjamin,2012:82),同样也反映出通过翻译来改造本族语言的思想。

　　在翻译中,音译现象之所以引人关注,是因为它恰恰标示了语言的边际模糊状态,体现了语言不能脱离其他语言而存在的真实状态。一种语言(原文)中的特定现象或内容在另一种语言中并不能不加任何解释而直接呈现。音译(词)连接着源语和译语两种语言。可以把它比作两种语言交流的一种介质,一座桥梁。它打破了两种语言间的壁垒与隔阂,促进语言发生变化,也使语言是界限分明的实体的说法不攻自破。音译词从一种语言进入另一种语言,要经历消化吸收的过程,音译词在译语中被接受和使用,进而成为译语的一部分。译语在此过程中接纳来自源语的异质性表达(也即本雅明所说的意指方式),丰富自身,实现自身的成长。从这层意义上说,语言不是一成不变的,两种语言间的边界也在发生着变化,两种语言通过音译以及翻译实现着彼此间的交流,促进着语言的变化。

　　相对于两种语言来说,音译内容都是异质存在。英语和汉语分属印欧语系和汉藏语系,二者差异较大。音译所体现出来的异质性更为明显。一方面,在译文中,音译词自身就体现着一定的异质性。它从形态上不同于译语中的其他通用词汇,会引起译文读者的关注,引发他们的思考。另一方面,音译词作为概念实体,又在译文中表征着来自原文的信息,需要译文读者花费气力去挖掘和发现其背后的意义。

之所以出现音译,恰恰是因为译者认为相关概念在译入语中原本并不存在,借用译入语中的原有词汇会导致原文中部分信息的丢失,而要把所有信息都解释出来,又损害了翻译的"量"的原则,使得翻译变成了阐释。在这种情况下,音译就成了较为理想的一种选择。但是,从实际操作来说,音译词的数量也不能过多,不然就会影响译文读者的阅读体验。项东和王蒙(2013)就曾对音译的利弊进行了分析并指出音译可以适当使用但不可以滥用。任荣政和丁年青(2014)也提出要避免滥用音译。对于《孙子兵法》这样的中华文化典籍,历经岁月洗礼,一些概念和表述已经积淀下来,成为中华文明的组成部分,有的则已经退出历史舞台,不再使用。这一方面反映了语言的发展变化,另一方面也对译者提出了挑战。音译则成为研究译者态度和策略的重要切入点。

本章对《孙子兵法》英译本中的音译现象进行梳理研究。通过搜集整理各译本中的音译内容,研究都有哪些内容采用了音译这种方式,同一内容没有用音译的又采用了何种处理方式,从历时角度看音译情况有了什么样的发展,从中外译者对比角度看中外译者在取舍方面有哪些关联和异同。从中外文化交流的角度出发,看音译变化对于我们有何种启示。

4.1 音译的身份之辨

语言无明确边界这一观点也间接地反映在德里达《巴别塔》(*Des Tours de Babel*)这篇文章里。巴别塔具有多重象征意义。首先,它代表着人类语言的大同。天下人操用同一种语言,而不像现在这样呈现出语言的多样性。其次,它象征着一个自成一体、自给自足的结构。上帝中断了人类的这一宏伟计划,也就意味着语言的变乱,结构的解体。语言变乱导致翻译的出现,而结构的解体则象征着作为西方哲学传统基础的逻各斯中心和结构等概念的终结。这样,通过一则故事、一个隐喻,德里达把语言、结构、逻各斯中心等联系在了一起。

从德里达在该文中引述的内容看,即便同在印欧语系内,伏尔泰也不清楚"Babel(巴别)"为何与"变乱"等同起来。据伏尔泰所言,在东方语言中,Ba 意指"父亲",而 Bel 则指"上帝";Babel 说的是上帝之城,即圣城。(德里达,2005:14)因此,他认为 Babel 与混乱、变乱也产生不了联系。

德里达在讨论巴别塔故事特别是 Babel 与混乱的关系来源时,引用的是舒拉基(Chouraqui)的《圣经》法语译本。相应表述为,"Sur quoi [la ville] il clame son nom:Bavel, Confusion"(Derrida,1985:214)。句中 son 既可以指前述 la ville,也可以指文中的 il,即上帝。德里达利用 son 语法上的歧义,把上帝这个外在于语言的本原纳入语言体系。而在格雷厄姆(Graham)的英语译文中,该句译成"Over which he proclaims his name:Bavel, Confusion"(ibid.:170)。其中,由于翻译的介入,son 译成了 his,意思得到了明确。从二人的翻译看,即便同属印欧语系,他们也不得不在对希伯来语的 Bavel 一词音译引入(或称不译/零翻译)的同时,再附加 Confusion 进行解释。舒拉基不但对 Bavel 的意思进行了拓展,而且大写 Confusion,使其看上去像是一个专有名词,在保留其普通意义的同时,又突出了该词作为专有名词的独特性。它既不完全内在于语言,又不完全外在于语言,专有名词使语言体系的边界变得复杂,并且揭示了它的有限性(Davis,2004:20)。该故事具有极为重要的象征意义。上帝是独一无二的存在,上帝之名也是专名,为上帝所独有,可一旦上帝把他的名赐予人类,他的专名随即进入人类语言,失去了原有的纯粹性,也同时具有了多义性。在这一过程中,上帝之名通过音译进入人类语言,这是神的语言与人类语言之间进行的一次音译活动,音译对象即上帝之名徒增了"混乱"之意。这可以被视作人类的首次翻译活动,音译即牵涉其中,意义不可谓不大,这也是本章选用音译作为研究对象的原因之一。

在中文版《圣经》中,巴别首次出现在《创世记》第 11 章中。"因此,那城的名字就叫巴别,因为耶和华在那里混乱了全地所有的人的语言,又从那里把他们分散在全地上。"如果对于巴别塔故事的来龙去脉不事先有所了解,这句话会让人不明就里,不清楚句内的因果关系。单看"巴别"这个词,人们并不会把它与混乱联系在一起。这是因为,Babel 通过音位层面的转写在汉语中音译为"巴别",但在中文里,"巴别"作为单纯词,不能拆解开来分别进行理解。汉语译文读者因为接触不到希伯来原文,不了解希伯来语,所以也就无法理解音译词巴别与混乱这一意义之间的对应关系。从这一意义上来说,音译转换切断了译文读者与原文之间的联系,切断了交流的途径。

由此可见,不管语言间的亲疏关系如何,音译在一定程度上都发挥了阻断器的作用,映射出文化、语言间的壁垒和差异。音译像是一扇门,只有把门打开,才能探知门后的世界;只有深入地去了解音译内容在源语当中的含义,才有可能对其要义有深层次的把握。音译的出现旨在提醒译文读者相关内容的特殊性和专有性,而我们现在对"巴别"的理解都是学习积累和充分交流后的结果。

同时,音译也是需要意义沉淀累积的过程的。"巴别"的音译切断了它与过去的联系,身为汉语读者,我们仅从"巴别"一词无从得知其作为"上帝之名"的由来。同样,我们也无法了解其与"变乱"之间的联系。

通过梳理,可以总结出"巴别"至少与以下几重意思相关联:
①一则圣经故事;
②故事中建造的那座塔;
③故事中的城市;
④上帝之名;
⑤(语言上的)混乱;
⑥上帝中断巴别塔建设后的混乱状态;
⑦由语言变乱而带来的翻译的不可能;
⑧由语言变乱而带来的翻译的必要性等等。

这样,当我们提及巴别时,可能使用的是其中的某一个意思,也有可能是几个意思。显然,对于不了解相关背景知识的人来说,根本体会不到巴别塔背后如此深刻的内涵。其中不少意思也是后人赋予它的。从该词意义的拓展情况看,词的意思不是一成不变的,而是蕴含着成长。因此,我们不能把词看成一个意义明确、界限分明的实体。在同一层意义上,语言也是如此,不断成长。音译因而代表了一种特殊的存在。作为翻译手段,译者选择音译往往是因为两种语言、两种文化间存在着较大隔阂,而译入语中没有什么对应的词项可以恰当贴切地反映原文的文化内涵。作为译入语中的异质存在,音译内容又需要译语读者对其表征的内容含义进行研究和挖掘。这样,音译自身较为明显地体现出了翻译的内在矛盾。它一方面是不得已而为之的译者选项,另一方面还需要借助译语读者在文化上的习得,表明了翻译的不充分性。

　　对于"巴别"包含的众多意义,我们只能通过了解其历史才能获得,只有了解了本雅明和德里达对它的赋义,我们才能对它有更深刻的认识。否则,它只是一个专有名词,一个符号,仅此而已。除此之外,别无他意。

　　专有名词超然于语言,但同时如果不寄身于一套通用符码当中,又无法意指事物。任何语言事件都是一种不可化约的独特行为,其意义是在特定语境下通过差异的系统化游戏而生成的。其含义是印迹的差异性游戏并不能从事件中提取出来。在此意义上,该事件是独特的。但是,如同专有名词那样,如果一个事件绝对地单一、独特,那么它也将绝对地不可理解:任何事件,要想得到解读并进而变得有意义,必须重复在通用符码中可以辨识的结构。(Davis,2004:22)

　　巴别具有相当的象征意义。它代表了语言还没有被上帝变乱之前的"纯洁"状态,象征着纯语言。同时,它也是人类被上帝中断的一项工程,是一项未竟事业。它象征着一种完整自足的结构,因而也与西方逻各斯中心主义传统密切关联在一起。正是因为它,翻译成了一项必须而又无法完成的任务。众多意义都集中在巴别这个看似毫无意义的专有名词之中。这些意义只有通过学习和积累才能获得。读者只有对它背后的故事感兴趣,才会有动力去了解它。否则,它对于我们只是一个不相关的语音片段,因为从字面、从它的构成,我们无法解读出有意义的答案。

　　类似的例子在现实生活中也有不少。2019年3月,新西兰小城克赖斯特彻奇广为人知,是由于澳大利亚人布兰顿·塔兰特(Brenton Tarrant)在这里制造了一起世界瞩目的枪击案。枪击案造成至少49人死亡,凶手对整个过程进行了网络直播,袭击对象是努尔清真寺中参加礼拜活动的穆斯林信徒。

　　如果只是听到或者读到这个地名,汉语使用者也许会觉得没有什么新奇特别之处。但如果追溯它的来源,其英文名 Christ Church"基督(教堂)城"就更加突显嫌犯选择此地作案的目的。国内主流新闻媒体最初进行报道时,大都采用了该地的音译名称,即克赖斯特彻奇,而不是采用意译。本意可能是弱化该袭击案的宗教色彩,不想让极端分子个人实施的恐怖活动上升为宗教之间的冲突与矛盾。但是,不可否认,袭击者选择该地确有其目的性,该地为基督城,袭击对象却为穆斯林信徒,袭击事件被恐怖分子看着是对伊斯兰教"入侵"的一次"回击"。嫌疑人在被捕时甚至还打出"白人至上"的手势。经历了枪击案,基督城所代表的宗教包容和多样性被人为地打上了宗教冲突和对立的印记。

同年4月21和22日,在西方(基督教)复活节来临之际,斯里兰卡首都科伦坡酒店、教堂先后发生9起爆炸,造成300余人死亡。初步调查显示,这次恐怖袭击是对新西兰枪击案的报复行动。显然,不论承认与否,两起事件关联在一起,摆脱不了宗教色彩。或者说,极端势力/分子以宗教的名义试图挑起或激化宗教间的争端。

在该案例中,音译发挥了其阻断作用,音译割裂了汉译地名与其原有文化底蕴之间的联系。对于不通外语的读者来说,克赖斯特彻奇体现不出任何的宗教色彩,或与基督教的关联。自然,此地发生的枪击案也就没有那么明显的宗教对抗或对立的意味。很明显,国内媒体并不想突显克赖斯特彻奇的宗教意味,也不希望把该事件解读为宗教间的对立冲突。

在该案例中,音译(近似)保留了原地名发音这一物理特征,但原地名所包含的意义却受到了压制。显然,Christ Church 并非只是一个没有任何意义的地名符号,而塔兰特之所以挑选该地实施自己的暴行,很大程度上也正是看中了其象征意义。音译看似简单,只是进行了语音转写(transliteration),相较于意译,还最大限度地保留了原文的形式,起码保留了原文的语音特征,但是却彰显了翻译中形式与内容二者间的矛盾。

4.2 玄奘"五不翻"原则与《孙子兵法》音译

关于中外音译研究情况,葛林(2016)已经做了较为细致的梳理,本章不再赘述。在我国,提到音译,可以追溯至汉唐时期的佛经翻译,其中以玄奘的"五不翻"理论"最系统、最具代表性"(任荣政 等,2012:16)。"五不翻"指在五种情况下对原文内容采取音译的处理方式,这五种情况包括:①秘密故;②多含故;③此无故;④顺古故;⑤生善故。这几种情况基本可以涵盖《孙子兵法》英译中的音译情况分类。

其中,秘密故原指佛经中的咒语、密语发音多奥义,具有某种神秘力量,因此在译入汉语时,对原发音予以保留,采用音译形式。此种情况似专门适用于佛经翻译,不太适用于对《孙子兵法》中的音译现象进行解释。但也有例外。

例 4.1:纷纷纭纭,斗乱而不可乱也。浑浑沌沌,形圆而不可败也。(《势篇》)

Pwun-pwun. Hwun-hwun.

The fight is chaotic yet one is not subject to chaos.

Hwun-hwun. Dwun-dwun.

One's form is round and one cannot be defeated. (丹马译文)

在该例中,"纷纷纭纭""浑浑沌沌"作了音译处理,而格里菲斯(Sun Tzu,1963:92)也把它们视作拟声词。丹马翻译团队认为,《孙子兵法》的中心议题就是"如何有效地应对冲突",小至内心的矛盾冲突,大到国家间的战争,适用于不同层面。因而,他们自己的译本只是"复杂过程的一部分"(Sun Tzu,2001:xvi)。丹马团队不再把《孙子兵法》只看作古代兵书,而是把它当作可以指导人们处理冲突的生活之书、智慧之书和哲学之书,因此在翻译上也就超脱了具体的词、概念以及例子,这样《孙子兵法》的适用范围也就更为广泛。丹马译本认为先前译本由于采用了意译解释的翻译方法而遮蔽了原文中的智慧。而在阅读原文时,丹马团队成员"惊讶于原文表达的简单、明白和率直"(Sun Tzu,2001:xx)。丹马译本力图保留原文特质,在译文中再现原文的声音效果与阅读感觉,通过上例中的音译,译文保留原作的一种神秘感,让读者去体味原文,使读者加入原文意义解读和重建的过程中去。

在此例中,"纷纷纭纭""浑浑沌沌"均有意义,统指战场上的混乱状态。但不同学者的解读又会存在细微差别。如吴九龙(1996:76-77)将"纷纷纭纭"释为"旌旗翻飞,进退转合而纷乱杂沓",熊剑平、王敏(2018:87)解释为"旌旗纷纷,人马纭纭"。杜牧注"浑浑沌沌"为"浑浑,车轮转行;沌沌,步骤奔驰",吴九龙则认为其"统言混迷不清"(1996:77),熊剑平、王敏(2018:87)的现代译文为"战场上尘土飞扬,混乱迷茫"。既然在细节上难以统一,而前后语境中又包含战场上形势混乱这一信息,那么,此处音译也就不失为一种可行的选择,既保留了原文信息的神秘感,使读者通过读音和上下文去捕捉原文信息,又可让读者主动参与信息构建,破译音译词的含义,并从中提升阅读体验。

任荣政等认为,多含故应理解为"对于那些在单一语境下仍同时具有丰富内涵和广阔外延的词语,在目的语中无法找到能完整涵盖其意义的对应词时应采取音译"(任荣政 等,2012:17),而不是多义即音译。也就是说,看具体语境,如果能确定相关词语的含义,则无须进行音译。《孙子兵法》中较为典型的就是"阴阳"一词的翻译处理。

例 4.2:天者,阴阳、寒暑、时制也。(《始计篇》)

阴阳(yin and yang)作为一组相对的古代中国哲学概念,已经进入了英语,并作为词条固定下来。提到它,人们自然就会将其与中国文化联系在一起。可以说,阴阳是中国概念、中国文化向外传播的一个缩影,已经成为有着浓郁中国元素的文化符号。这也是汉语、英语互通互联的一个例证。当然,阴阳有着丰富的文化内涵。除了作为哲学概念,阴阳还与数术、风水有密切关系,中国古代兵法分类还有兵阴阳一类。这些也都构成了阴阳的联想意义,成为阴阳意义的一部分,有时还会带来人们对其认识和理解上的偏差。在该例中,阴阳并非指中国古代哲学概念,而按照任荣政等人的观点,阴阳在这种情况下,并不适合音译。在统计的 13 个译本当中,以音译方法处理"阴阳"概念的,只有 5 例,不到一半。其中,又只有卡尔斯罗普和闵福德把 yin 和 yang 的首字母予以大写,视其为专有名词。几位中国译者都没有选择音译"阴阳",而是把"阴阳"具体化为 night and day。从中可以看出,中国译者对于《孙子兵法》的内容把握得更为准确,能把"阴阳"置于具体语境下考虑其含义。而西方一些译者认为《孙子兵法》与道家思想有着密切的联系,他们自然也会把兵法中的"阴阳"放在道家思想这一语境下进行理解,并将其音译为 yin and yang。

军人出身的格里菲斯显然更注重从职业角度去理解《孙子兵法》,在上例中没有对"阴阳"进行音译,还在脚注中明确指出,"天"在该句中的用法和现今一样,指的是"天气"(Griffith,1963:64)。

翟林奈把"阴阳"译为 night and day,并认为有些中国注家对"阴阳"加以"不必要的神秘化"(Sun-Tzǔ,1910:2),如孟适把"阴阳"定义为"刚柔盈缩",这也有可能导致后世译者将阴阳与道家思想进行联系。而王晢解释"阴阳"为总天道,包括五行、四季、风云及其他现象,翟林奈对此较为认可。

玄奘"五不翻"理论中的"此无故"原则较好理解,系指译出语有而译入语无的事物、现象、概念,这也是翻译中采用音译最为常见的情况。

例 4.3:日者,月在箕、壁、翼、轸也。凡此四宿者,风起之日也。(《火攻篇》)

例 4.3 中的四宿属于古代中国神话和天文学的二十八宿概念。对于这"四宿",如果没有进行过专门研究,中国读者也说不上所以然,因此也就没有必要去苛求外国译者对它们在严格论证研究的基础上进行翻译。即便翻译出来,放在今天也没有太大的实用价值。人们也不会利用它们来判断是否风起,是否适合运用火攻。从实用性角度考虑,这样的内容略去不译似乎也无不可。译成英文,只会造成过多的信息负荷,并不能带来真正有效的交流效果。

在总共 13 个统计译本中,克里瑞略去未译,选用音译的有 3 个,意译的有 7 个,而格里菲斯与袁士槟则采取了意译与音译结合的方法。格里菲斯译为 Sagittarius, Alpharatz, I, or Chen,袁士槟只在轸的音译上与格里菲斯有别,为 Zhen,只是音译转写符码上的差别。又因格里菲斯译在前,袁译在后,由此可以判断,袁士槟很可能借鉴了格里菲斯的处理方法,不然二者间不会存在如此之高的相似度。格里菲斯和袁士槟二人的意译也并非严格意义上的意译,而是借用英语中原有的概念去替代汉语"箕、壁"概念。其中,Sagittarius 为人马座,而箕宿与人马座呈隶属关系,由人马座中的四颗星构成,成簸箕形状,因此而得名。因此,以 Sagittarius 译箕宿,实为以整体替代部分。

Alpharatz 中文名称为壁宿二,属仙女座,该星与飞马座壁宿一(Algenib)合称壁宿二星,因二者连线像是室宿的墙壁,故得名壁宿。由此说来,以 Alpharatz 译壁宿,实为以部分指代整体。

而格里菲斯在其译本脚注中称,之所以没有对翼、轸进行意译,是因为"他不能确认它们对应的星座"(Sun Tzu,1963:141)。可见,意译仍然是格里菲斯的首选。两种方法并置乃不得已而为之。

综上,格里菲斯和袁士槟的处理方法并不可取。这是因为,由于意译与音译并置,加之音译的异质性特点,译文读者会产生概念上的混淆。他们会认为 I 和 Chen/Zhen 是汉语中的特有概念,因此使用音译,而 Sagittarius 与 Alpharatz 则为西方原有概念,会造成这两个概念中西方趋同的假象。另外,Sagittarius 指人马星座,而 Alpharatz 则指壁宿二这一颗星。二者并置也会造成逻辑上的错误。既然四宿属于同一类概念,那么在处理方法上理应趋同。要么都采用音译方法,以彰显中国传统文化对于星象的认识、理解和划分;要么采用意译方法,把这些星宿所反映的意象传递给译文读者。

顺古故系指依古例,沿用已久且被广泛接受的用法,有"名从主人、约定俗成"的意味在其中。

以孙子(武)的音译为例。其常见翻译处理方式如表4.1所示:

表4.1　不同译本对"孙子"译名的翻译处理

译者	译文	备注
卡尔斯罗普	Sonshi/Sun the Master	Sonshi出现于1905年版书名中,正文内为Sun the Master
翟林奈	Sun Tzǔ	加注音调
格里菲斯	Sun Tzu	
闵福德	Sun-tzu /Master Sun	Sun-tzu现于封面,译文中为Master Sun
安乐哲	Master Sun	
丹马	Sun Tzu	
潘嘉玢、刘瑞祥	Sun Zi(Sun Tzu)	Sun Tzu为Sun Zi首次出现时括号内加注,其后译文中均用Sun Zi
林戊荪	Sunzi	
袁士槟	/	
sonshi网站	/	
索耶尔	Sun-tzu	

表中几种译法大致可分为两类:音译以及音译与意译结合,音译又可按不同的拼音编码方案进一步细分。其中,以Sonshi出现最早。《孙子兵法》首个英译本于1905年出版发行,由卡尔斯罗普从日文翻译为英文,书名为 *Sonshi：The Chinese Military Classic*《孙子:中国兵学经典》。Sonshi译名由卡尔斯罗普首创,也是一种音译,系从日语译入英语、按日语发音进行转写的缘故。1908年,卡尔斯罗普根据中文对原译文进行了修订,译本再版时调整了书名,改为 *The Book of War：The Military Classic of the Far East*《兵书:远东兵学经典》。为纪念《孙子兵法》首次译成英文这一颇有意义的历史事件,sonshi网站创立者以此命名网站。该网站

成立于1999年,是一家致力于《孙子兵法》研究与实际应用的教育资源网站,在国外《孙子兵法》研究网站中具有较大影响力。

国外译者较多采用威氏拼音法,但也有不同变体,包括 Sun Tzǔ,Sun-tzu,Sun Tzu 等。其中,翟林奈还为 Tzu 加注音调,提示读者相关的发音,反映出译者对于源语文化的尊重。中国译者当中,林戊荪和潘嘉玢、刘瑞祥均采用现代汉语拼音方案,分别音译为 Sunzi 和 Sun Zi。其中潘嘉玢、刘瑞祥译本在 Sun Zi 首次出现时把 Sun Tzu 置于其后括号内,以示说明,兼顾了与孙子原有音译名的传承对应关系。Master Sun 和 Sun the Master 则是意译与音译的结合,子系尊称,意译为 Master(大师、宗师)。之前的翻译对后续译本也会有影响,特别是先前译本已经被目标语文化所认可,成为目标语文化的一部分(Aixelá,1996:67)。Sun Tzu,Master Sun 及它们的变体 Sun-Tzu,Sun the Master 都已经在西方世界广为传播且被接受,成为一种固定译法。同时,相较于 Sunzi 或 Sun Zi,前者更为古雅,有古韵。

需要指出,"孙子"的"子"系尊称,而非人名,不具有实际意义。Sunzi 与 Sun Zi 也与我国关于姓名外译的相关规定相抵牾。如果用 Sunzi、Sun Zi,则可能与汉语儿子、孙子中的孙子相混淆,有失 Sun Tzu 这一译法的古雅之风。加之 Sun Tzu 系先前就已经存在且广为接受的译法,所以,根据"名从主人、约定俗成"的顺古故原则,不妨沿用 Sun Tzu 这一音译方法。英语中外来语、学术词汇和历史名人等依旧沿用威氏拼音法,一方面有因袭传统的缘故,另一方面也是因为威氏拼音法更符合西方人发音习惯。但随着中西方交流的日益频繁,学习汉语的人越来越多,这种情况有望发生变化。

Sonshi 为从日文中转译,卡尔斯罗普译本开启了《孙子兵法》英译的先河,用来做网站名称具有纪念意义,且 Sonshi 只限于该网站使用,可予以保留。但从另外一个角度讲,似乎又应该正本清源,还《孙子兵法》原来的中国面目。

玄奘"生善故"原则举"般若"尊重、"智慧"轻浅为例,说明还需考虑译入语和译出语在"内涵、语体、感情色彩"(任荣政 等,2012:17)等方面是否对等。如前述,Sun Tzu 与 Sunzi、Sun Zi 之间的差异也在这一类考虑范围之内,不再赘述。从中也可以看出,玄奘"五不翻"原则亦存在叠加、重合的情况。

例 4.4:凡此四军之利,黄帝之所以胜四帝也。(《行军篇》)

中华民族自称为炎黄子孙,其中黄即指黄帝。可见,黄帝对于中华民族来说,意义重大。在统计的 13 个译本当中,有 12 个都将黄帝意译为 the Yellow Emperor,只有卡尔斯罗普例外,音译为 Huangti。需要指出,黄帝的"帝"这一概念已经在历史长河中发生变化、流转,人们目前对于"帝"的理解已经与过去相去甚远。葛林指出,"鉴于远古时期尚无封建官制,而帝的君王涵义非常重,可音译帝为 Di,而非 emperor"(葛林,2016:141)。按此说来,反而是卡尔斯罗普的少数派选择较为妥当。而在百度百科关于黄帝的解释词条当中,外译名也有 Huangdi 和 Yellow Emperor 两种。① 可见,尽管帝的概念发生了变化,黄帝的"帝"也不同于现在人们对于"帝"的理解,但人们已经接受 Yellow Emperor 是黄帝的英文译法,也不会细究"帝"的意义演变以及"帝"和 Emperor 在所指上的细微差别。

4.3 音译中译者的主体性

汉英两种语言之间的差异较大,如果是同为拼音文字的两种语言,这种音位转写相对较容易一些。英语当中有不少来自其他印欧语系语言的词汇,就属于这种情况。

音译现象一方面表明了英汉两种语言之间的界限和差异。汉语当中的字词,因译者认为文化特色浓厚,英语当中找不到对应的词来翻译,从而以音译的形式来体现。这些译文对于译文读者而言肯定会带来视觉和心理上的冲击,促使其一探这些音译词背后的究竟,进而加深其对源语文化的认知和理解,不失为促进文化交流的一种手段。

音译也是语言间进行交流的一座桥梁。有些音译词项已经为译语所接受,成为译语的一部分,也相应地带来译语的发展。如 Sun Tzu,li,yin and yang 等,已经为英语世界所熟知。但是,这些音译词一旦被译语读者接受,又会在一定程度上使译语读者形成对源语文化的一种刻板认识。如 sonshi. com 的名称,虽然网站已经说明了该命名的纪念意义,但毕竟《孙子兵法》的始源在中国,以 sonshi 为名易使人

---

① 黄帝,百度百科,https://baike. baidu. com/item/%E9%BB%84%E5%B8%9D/118887? fr = aladdin〔2019-07-01〕

混淆。对比卡尔斯罗普1905年和1908年两个译本的书名,总让人有种时空错位之感。1905年译本书名为Sonshi: *The Chinese Military Classic*,指明该书是中国的兵学典籍,但Sonshi又带有浓厚的日语味道。而1908年译本的书名中Sonshi消失了,《孙子兵法》却又变成了远东地区的军事典籍。特别考虑到Sun Tzu已经在西方广为接受,以Sun Tzu命名正本清源可能对《孙子兵法》在西方世界的推广更为有利。但sonshi网站已创立20多年,该名称沿用已久,且更改网站名称也非易事,保留这一名称虽有遗憾却也情有可原。

在翻译中,对原文中极富文化内涵的词汇不做处理,只进行音译。这从某种意义上说,正是因为英语中没有对应的词可以包括原文词汇的所有含义,只得以音译代替原文中的文字符号,换句话说,是以字母表音符号代替了汉字表意符号,并希望通过这种方式可以最大限度地保留原文词汇的含义。但是,翻译即意味着改变,汉语中的意指方式不可能与英语的意指方式完全相同。这里的保留也是相对意义上的保留。另外,音译符码的选择也带有较为鲜明的时代印记。

例4.5:投之无所往者,诸、刿之勇也。(《九地篇》)

表4.2 不同译本对诸、刿的处理情况

诸	刿	数量	译者	处理方式
Chu	Kuei	3	卡尔斯罗普、翟林奈、索耶尔	只译名
Zhu	Gui	1	闵福德	
Chuan Chu	Ts'ao Kuei	4	格里菲斯、安乐哲、丹马、sonshi网站	译全称
Zhuan Zhu	Cao Kuei	2	潘嘉玢、刘瑞祥和袁士槟	
Zhuan Zhu	Cao Gui	2	林戊荪、梅维恒	
/	/	1	克里瑞	未处理

在该例中,诸、刿分别指专诸和曹刿,是春秋时期的两位著名勇士。所有译本中,按处理方式不同,可分为三大类:只译名、译全称、未处理。前两大类又可按所用拼音方案的不同进一步细分。从处理方式看,如果只译名,表面似乎与原文呼应,但从读者阅读感受方面考虑,音译出全名可以向读者提供更多信息,更加明晰。如果读者想要进一步了解他们,信息检索也更便捷。另外,可以看出,在(曹)刿的全称音译中,拼音方式存在一定变化,其中,格里菲斯等用的是威氏拼音法,林戊荪

等则采用了现代汉语拼音,而潘/刘及袁二译本则有两种拼音混用之嫌。

克里瑞没有对诸、刿进行音译处理。查看相关译文可知,克里瑞对"投之无所往者,诸、刿之勇也"一句舍弃未译。从音译情况可窥见一斑,克里瑞译本对原文内容采用节译的方式,对于很多具有文化特色项都进行了模糊化处理,旨在说明大意,弱化细节。以同篇当中"夫吴人与越人相恶也,当其同舟而济,遇风,其相救也如左右手"一句为例。克里瑞译文是"Even people who dislike each other, if in the same boat, will help each other out in trouble."。在该句当中,"吴人与越人""遇风""如左右手"等信息,克里瑞都进行了删减或模糊化处理。这种处理方法也致使克里瑞译本的音译类符数仅为2个。这种在文化特色项上的简化处理也在克里瑞译文的整体风格上有所折射。sonshi网站称,许多人认为克里瑞译本最易读(the most accessible),它可以被视为《孙子兵法》译本当中的入门级读本[1]。正因为其简单易读,所以容易被译语读者接受。只有容易接受,才能使读者产生进一步阅读和了解的兴趣。sonshi网站创始人自称也是在阅读了克里瑞译本之后才着手《孙子兵法》研究,才有了后来网站的创立。因此,网站也把克里瑞译本称作"网站所有工作的肇始"[2],该译本目前在sonshi网站推荐的所有译本中也排在首位。假设一下,如果译本艰深晦涩,译语读者还没开始读就已经心生怯意,自然不会有继续阅读的想法。这样也就起不到文化传播的作用。这样的传播自然也是不理想的。

克里瑞翻译《孙子兵法》时,其目的在于"透明其血肉,突出其骨骼,再造出一种抽象的形式,让读者根据自己的生活历练去填补色彩"(Sun Tzu, 2003:36)。这样,译文读者的阅读过程实际上也参与到翻译中来。不同读者的经历不同,阅读时也会有不同的体会和感悟。读者的阅读也赋予译作一定的意义,而抽象化模糊化处理也为读者不同的理解提供了空间和基础。克里瑞认为作品的模糊性要求读者参与到理解过程之中,如同欣赏中国笔墨山水画那样体会留白所带来的意蕴。在具体翻译处理上,克里瑞略去了对于某些中国本土内容的指涉,比如中国古代武器,其原因并非译者对这些内容没有兴趣,而是由于这些内容"对某些关系结构的

---

[1] https://www.sonshi.com/best-art-of-war-books.html [2019-01-10]
[2] https://www.sonshi.com/best-art-of-war-books.html [2019-01-10]

当今运用而言是次要的"(Sun Tzu,2003:36)。具体除了上述武器以外,还有其他一些涉及中国特色内容的翻译,如"月在箕、壁、翼、轸也"等。这四个星宿属于传统中文概念。这也是克里瑞译本音译项只有2个的原因。

可见,译者翻译目的不同,读者对象不同,这些因素决定了译者需要采取不同的翻译策略;而音译现象则从一个侧面折射出译者翻译策略的差异,成为我们认识和了解译者翻译策略的一面镜子。

4.3.1 音译的符码选择

从历时角度看,各译者进行音译时受到时代背景的影响与制约。这种影响与制约较为明显地体现在拼音法的选择上。各译本采用的拼音转写方案主要有两种,即威妥玛式拼音法和现代汉语拼音方案。威妥玛式拼音法由英国外交官威妥玛(Thomas Francis Wade,1818—1895)初创,翟理斯(翟林奈之父)改进,故又称威妥玛-翟理斯式拼音,简称威氏拼音法。威妥玛长期在华工作,官至驻华"公使",曾较长时间在上海海关负责来华英籍海关人员的汉语培训工作,公职结束后又从事汉学研究,称得上是汉语通。威氏拼音法曾长期用作中国人名、地名等外译的译音标准。其设计旨在帮助外国人士根据英语发音规律来掌握汉语的发音,并据此对汉语进行拼读,主要还是从方便西人的角度出发。1958年,中国批准并公布汉语拼音方案。1982年,国际标准化组织承认汉语拼音方案为拼写汉语的国际标准,威氏拼音法逐渐被废止。但时至今日,由于历史沿革等原因,尚有不少汉语事物在西方语言中沿用了威氏拼音名称,足见威氏拼音法的影响之深远。例如,*I-ching*(《易经》)、Tai-chi(太极)、Sun Yat-sen(孙中山、孙逸仙)、Mao Tse-tung(毛泽东)等。

随着中国综合国力的不断增强,国际影响力不断提升,越来越多的外国人开始对中国产生浓厚兴趣,学习汉语也成为他们接触中国、了解中国的内在需求。同时,由于海外孔子学院的设立以及汉语的推广,外国人对于中文掌握的程度越来越高,通过汉语拼音方案来学习和掌握汉语自然也就成为进阶技能。此外,主流西方媒体如《纽约时报》《经济学人》等在涉及中文内容时,一般也采用汉语拼音方案。一方面,反映出这些媒体对于国际标准的认可和遵循;另一方面,也折射出时代的趋势所在。

在汉语拼音问世之前,译者音译时都选择威氏拼音法,或是在其基础上进行微调的邮政式拼音,如卡尔斯罗普将常山译为 Mt. Chang,Chang 并没有威氏拼音法典型的送气符号"'",可判定为邮政式拼音。其后的翟林奈、格里菲斯译本均采用威氏拼音法。格里菲斯译本推出时,汉语拼音方案已问世多年,但还没有被确认为国际标准。两种拼音法并行的状态持续了相当长一段时间。在 20 世纪 90 年代以来的译本中,随着汉语拼音的推广和普及,其影响在各译本中也可见一斑。其中,潘/刘及袁士槟二译本已基本采用汉语拼音方案进行音译,但由于对先前译本多有借鉴的缘故,在音译个例中还偶有威氏拼音法的痕迹。如对(曹)刿的音译,二译本中刿用的是威氏拼音法的 Kuei,但对于补充信息也即人物的姓"曹",则用的是汉语拼音的 Cao,而并非威氏拼音法的 Ts'ao。此外,如前所述,对于《火攻篇》四宿的译法,袁译本借鉴了格里菲斯的处理方法,两个意译,两个音译。其中,格里菲斯将翼和轸音译为 I, or Chen,而袁译本则译为 I, or Zhen。可见,翼在两个译本中均采用了威氏拼音法,译为 I,这大概还是因为《易经》(*I-ching*)在西方世界流传甚广,而翼与易同音,按顺古故用 I 音译更易得到接受的缘故。同时,袁译本对轸的音译则调整使用了汉语拼音 Zhen,进而形成音译方法上两种拼音法杂糅的现象。

林戊荪译本、闵福德译本、梅维恒译本则完全采用了汉语拼音。这说明汉语拼音作为国际标准得到了越来越多的认可和运用,同时也表明相关译者对于汉语文化的尊重和务实的态度。

梅维恒专门撰写了发音指南,对现代汉语的发音进行描述,分别说明汉语常见元音、双元音和辅音在英语中的近似发音,并对汉语发音的音调问题做了说明。同时,梅维恒(Sun Zi,2007:xxxviv)指出,《孙子兵法》成书时的汉语发音不同于现代汉语普通话的发音,而与粤语以及闽南语发音较为接近。这些体现出其深厚的汉语功底,同时也从侧面反映出汉语的发展变化。

此外,梅维恒还拟制了关键词表,对《孙子兵法》中的一些较为重要的概念以拼音形式按字母顺序罗列出来,并进行解释说明。同时,他还指出,一些概念需要加注音调以示区别,如:机(jī)和计(jì),里(lǐ)和利(lì),以实例说明了汉语音调的重要性。

梅维恒译本在每篇开头都有按语,用来说明该篇的内容。其中也涉及对文本内容的音译。如:第十篇按语中提及"知"在该篇中出现了 13 次,用以强调"知"的重要性。对"知"这一概念采取了音译加翻译的处理方式,zhi ("*know*")。

其他译者即便在译本中采用了威氏拼音法,也是综合各方面因素考虑的结果。如索耶尔认为二者均有难度,但从因袭传统的角度出发决定采用威氏拼音法。克里瑞译本专门对汉语拼音中一些辅音的发音作了说明,标示了英语中与之相近的发音组合,以方便读者阅读。安乐哲(Sun-Tzu,1993)则专门在译本正文前对《孙子兵法》中的一些重要概念进行了解释、介绍,其中也包括它们的注音。

从大趋势看,现代汉语拼音日益得到认可和推广,毕竟它代表着一种新的标准。但在诸如《孙子兵法》这样的典籍以及中国传统文化研究领域,鉴于一些概念以威氏拼音法沿用已久,时至今日,对于它们的研究和讨论也摆脱不了旧有的体系,因此二者并存共用的情况还会持续一段时间。从长远看,中文新事物、新概念如音译则使用现代汉语拼音将是必然的现实。

二者相比较,威氏拼音法从英语读者的角度出发,为英语读者的使用方便着想,是一种更贴近于目标语文化的拼音方式。威氏拼音法拟定的最初目的是为了帮助英语读者快速了解并掌握汉语的发音规律,用英语的字母文字转写汉字发音,英语读者可以据此对汉字进行拼读。对于不了解汉语的英语读者而言,这种转写式音译帮助他们从一个层面去了解汉语,哪怕他们不理解其意思,起码可以大致把握其读音。这是两种语言间沟通的起始点。在这种情况下,音译使译语读者向源语靠拢,知道源语中存在相关的发音,其代表着不同的字词和概念,但这种靠拢是以英美读者所熟悉的发音方式为前提的。"威氏拼音法的发音比较符合英语的发音习惯,因此更加容易为西方人所接受"(任荣政、丁年青,2014:873)。威氏拼音法照顾了译语读者的发音习惯,使其仍置身于自己的语言体系中,只不过以自己更为熟悉的字母组合方式去接触另一种异域语言。

威氏拼音法和汉语拼音方案之间本没有什么高下之分。从文化交流的角度来说,对二者的利用均有正当理由。威氏拼音法便于英语读者理解和接受,以英语读者更为熟悉的形态转写汉语发音,再现汉语内容。另外,以 Sun Tzu 为代表的用威氏拼音法编码的词语在英语中使用已久,有了广泛的接受度,且以古译古,使译名看上去雅致、有古韵。而汉语拼音方案代表了更接近于现代汉语的外在物质形式,得到了国际标准化组织的认可,是现行标准。相对于威氏拼音法,现代汉语拼音更向汉语靠拢,在英语中异质性更为明显突出。采用现代汉语拼音法来音译兵法中的相关内容更多体现的是一种态度,它表明了向源语靠拢的立场。

4.3.2 音译的内容选择

从《孙子兵法》音译内容的选择分布情况看,均可纳入 Aixelá 界定的文化特色项范畴。某项内容,当译入目标文本时,其在原文中的功能及内涵引发翻译问题,如果问题产生的原因是译文读者的文化体系中不存在所指内容或是该内容具有不同的跨文本状态,那么该项内容就被称作文化特色项(Aixelá,1996:59)。文化特色项可以丰富读者对于自己文化的认识,助其意识到在自己文化之外还有不同的看待世界的方式。文化特色项可分为两类:专有名词(proper noun)和一般性表述(common expression)。

就《孙子兵法》音译内容而言,可分为两大类:第一类专有名词主要包括人名、地名、朝代名、星象名称等;第二类为一般性表述,但文化色彩浓厚,主要是中国古代军事或文化概念、计量单位、拟声词等,译者认为在英语中找不到合适的词语进行转换,或者选用的词项在内涵与外延上难以与中文概念一致。

选择音译的范围不可过于宽泛。设想一下,如果推至极致,《孙子兵法》全文都采取音译,则"译文"也就不能为译文读者所理解,翻译(音译)自然也就失去了其意义。以黄海翔(2011:123)列举的梅维恒所翻译文为例。

例 4.6:令发之日,士卒坐者涕沾襟,偃卧者涕交颐。(《九地篇》)

黄海翔称梅维恒将襟翻译成 lapels,襟在古代指衣服的交领,而 lapel 指西服翻领,扭曲了原文的概念。对此,我们持不同看法。此处重点在于表达士兵因为不能参战的懊恼之情,因此才泪湿了衣衫,不必纠结于湿的是什么样的衣服,又是衣服的哪一部分。"襟"是中国古代衣饰文化的一部分,自然也属于文化特色项范畴,但也不能因此舍本求末,把精力放在这些细枝末节上。在统计的译本当中,没有哪个译本单独把"襟"列出来加以解释并进行音译,这就很好地说明了问题。

本土译者在翻译时,往往注重细节,在原文的理解上更胜一筹。但理解了原文并不意味着把理解的内容原封不动地传递到译文中去,还要学会有所取舍。本土译者往往为人诟病的也正是这一点。为了突出细节而进行过多解读,会牺牲译文整体的可读性。比如：上例当中，译文就没有必要再去解释中国古代的穿衣习俗、样式。

同样的情况也适用于量词的音译。

例4.7：故胜兵若以镒称铢，败兵若以铢称镒。(《形篇》)

表4.3 不同译本对镒、铢的处理情况

译者(本)	镒	铢
卡尔斯罗普	beam	feather
翟林奈	a pound's weight	a single grain
格里菲斯	hundredweight	grain
克里瑞	pound	gram
潘嘉玢、刘瑞祥	yi	grain
安乐哲	hundredweight	a few ounces
索耶尔	a ton	an ounce
袁士槟	yi	grain
林戊荪	500 grains	one grain
闵福德	a pound weight	grain
丹马	hundred weight	grain
sonshi网站	ton	ounce
梅维恒	a hundredweight	an ounce

在此例中，镒、铢之间呈对比关系，这种关系可以从原句中推断得知。从统计情况看，只有中国译者的两个译本仅对"镒"进行了音译，其他都采用了意译。铢、镒都属于重量单位，且二者相差悬殊，比值为1∶576(李零，2012：163)。一方面从译文情况看，均采用意译，可以让读者很容易明白二者间的对比关系，这是其有利的一面。但其弊端就在于，意译出来的概念实际上是基于原文的一种改写，是以译文读者所熟悉的语言概念来替代原文中的概念，原文中的跨时空的异域色彩则消失不见了。

另一方面，音译需要译文读者的参与和阅读努力，对文中反映的关系进行思考，进而实现对文本内容的理解。但从严格意义上来说，所有上述译本都没有对镒、铢的具体数值进行精确考据①，这是因为在该例中译文只要能体现二者关系就已足够，详细考证属于专业研究领域范畴。

　　镒、铢的音译问题涉及翻译的本质和定义。在该案例中，译者要从原文中译入目的语的是什么？从严格意义上讲，没有哪个译本完全把原文中的信息原封不动地带入译文。这一方面是因为，镒、铢这样的概念已经成为历史，退出了流通领域，对于它们的具体现实所指似乎没有考证的必要，至少对于普通读者而言是这样的。另一方面，原文中重在突出的是一方实力明显占优的强弱对比关系，运用了比喻的修辞手法，译文只要传递出其中意味即可。译者面临着诸多选择，在这些选择的一端是采用归化的意译方法，把中国古代概念转化为英语中人们所熟知的概念，另一端则是对镒和铢进行细致的考证，再把它们与现代西方计量单位的换算关系呈现出来，但这样做又会占据相当的篇幅，使翻译变成了科研考证。可以看到，绝大多数译者都采用了意译的方法，用于替代的英语词也花样百出。显然，他们认为这样能反映出原文的意旨，因此也就不纠结于细枝末节了。从该案例中，也可以看出，想要把原文的"内容"不加变动地移入译文，这种想法面临着诸多因素的制约，在翻译实践中并不现实。

　　还需要指出，采用意译方法处理重量单位应注意全篇的一致性。如格里菲斯除将镒译为 hundredweight 外，还将《作战篇》中的石也译为 hundredweight。石和镒都以 hundredweight 来翻译，它们在各自小的语境中，均可以解释得通，但如果把这两处信息联系起来，译文读者看不出什么区别，会认为它们在原文中指的就是同一内容，从而误导译文读者。换句话说，格里菲斯忽视了《孙子兵法》的篇章整体性。同时，从这一角度分析，我们可以从中看到音译的身份优势，即音译在一定程度上可避免混淆。

4.3.3　音译的原因探析

　　在音译内容的选择上，能取得绝大多数译者共识的还是专有名词的音译，而在一些特有文化概念（一般性表述）的音译上则出现了较大的差异。如林译本音译内容数量超出所有统计译本平均水平的近一倍，这表明译者目的更加侧重于中国传

---

①　袁士槟在 yi 后添加注释，称 yi 约合 24 盎司。

统文化的介绍与推广。音译内容的选择在一定程度上反映着译者对于源语文化的认知和理解。音译词项代表着源语文化中的概念、意象。在翻译过程中,译者需要确定能否使用译入语中的词语对原文概念进行替换。译者选择某项内容进行音译,基本上还是因为他们认为意译可能并不完全、准确地反映相关词项在原文中的意义,所以添加或直接使用音译以示区别。

表 4.4 不同译本音译类符数(按由多到少排序)

年份	译本	音译类符数/个
1999/2004	林戊荪	41
1994	索耶尔	25
1908	卡尔斯罗普	21
1993	安乐哲	21
2002	丹马	19
1998	袁士槟	16
1990	潘嘉玢、刘瑞祥	16
1969	格里菲斯	15
2008	sonshi 网站	15
1910	翟林奈	13
2002	闵福德	13
2007	梅维恒	13
1988/2003	克里瑞	2

从统计情况看,以林译本音译类符数最多,为 41 个;克里瑞译本音译类符数最少,仅 2 个,分别为孙子(Master Sun)和道(Tao);各译本音译类符数的中位数为 16。

林译音译类符数最多,且远超其他译本,更有一些概念只有林戊荪选择音译,如《始计篇》中的"五事",《地形篇》中的六种地形(通、挂、支、隘、险、远),以及《九地篇》中的"九地"等。此外,一些富含中国文化特色的词汇在首次出现时,林戊荪也会采用意译加音译的方式予以呈现。同时,林戊荪在音译内容的选择上也做了一番取舍。如《九地篇》中出现的率然,林戊荪并没有像大部分译者那样对其进行音译,而是把它处理为 the snake of Mount Chang。这是因为,《孙子兵法》原文中援引率然的目的是为了说明如何善用兵,要旨在于部队彼此间及时呼应互救,而这一点在前后文字中已有所体现,可以说明问题。因此,没有必要单独突出"率然"。又如《火攻篇》"四宿",林译也采用了意译方法,这主要是因为,四宿名称是因形得义,箕、壁、翼、轸分别意为簸箕、墙壁、羽翼、车箱底部横木,意译更为形象,在向译文读者推介中国传统文化的同时,也更容易为其理解和接受。林译本在处理文化特色项时,往往在给出相关概念音译词的同时,还附上汉字原文,这样更能引起译文读者的注意。音译词在译文中常有上下文语境加以解释。

对比音译类符数处于中位数水平的潘嘉玢、刘瑞祥合译本与袁士槟译本,它们选取的音译内容大体相同。不同之处在于:潘/刘译本对《火攻篇》"四宿"都采取了意译方式,而袁译本中有两个采取意译,两个采取音译。潘/刘译本音译孙子名称,而袁译本略去了原文中每篇开头处的"孙子曰",因此译文中没有对孙子的音译。从译文读者角度看,有无"孙子曰"所代表的意义不同。有,则意味着《孙子兵法》经过了后人的加工整理;无,则表明译者认同兵法内容即孙子所做,而译文读者读不到"孙子曰"这样的表述,也会减少质疑《孙子兵法》作者身份的可能。译者对于孙武的《孙子兵法》作者身份非常笃定,并替译文读者做了选择,相应也剥夺了后者对该问题形成自己独立判断的机会。此外,潘/刘译本对《九地篇》的率然进行了音译,而袁译本则意译为"the'simultaneously responding snake'",此译法借鉴了格里菲斯的做法,略有调整。除此之外,两译本其他选择音译的内容均相同。潘/刘译本音译类符数 16 个,其中专有名词 12 个(包括人名 5 个、地名 6 个、物名 1 个),量词 4 个。

潘嘉玢和刘瑞祥在译文中并不对音译词项进行解释,而是将其置于译文之中,以字母大写(专有名词)或斜体(量词)加以区别,由译文读者通过上下文语境判断相关词汇在译文中的意思和作用。对于黄帝和四宿的处理则借鉴已有的译法,采用了意译法。

在音译类符数高于中位数水平的译本当中,排在 2 至 4 位的分别为索耶尔(25)、安乐哲(21)、卡尔斯罗普(21)三人的译本。其中,索耶尔和卡尔斯罗普都对"四宿"(计 4 个)进行了音译,而安乐哲没有。排除这一因素影响,安乐哲音译类符数与索耶尔持平,高于卡尔斯罗普。

我们以音译类符数处于中位数水平的潘/刘译本为参照,对比安乐哲和索耶尔译本,看他们在音译内容选择上的取舍情况。与潘/刘译本相比,安乐哲增加的音译内容包括:道、因、形、势、奇、正、数、神、五行、九变;索耶尔增加的音译内容包括:道、形、势、奇、正、气。同时,潘/刘译本有而安乐哲和索耶尔译本无的音译内容包括:钟、石、镒,皆为量词。

通过比较可以看出,安乐哲和索耶尔在音译内容的选择上与潘/刘译本存在较大不同,这与他们对《孙子兵法》的认知不无关系。

在其1993年译本中,安乐哲在序言部分重点介绍了中西方思维方式的不同,强调从哲学和文化角度去认识《孙子兵法》。中国古代哲学著作对于军事的讨论十分普遍。这也表明战争作为哲学思考的一个命题在中国很受重视。很多中国经典哲学作品当中都包括较长篇幅的关于军事思想的论述,如《墨子》《荀子》《管子》《商书》《吕氏春秋》《淮南子》等。因此,安乐哲认为哲学与军事之间并不矛盾,而战争也成了经世致用的"应用哲学"(Sun-Tzu,1993:32)。

此外,安乐哲对中西文化进行了比较,分析了西方对世界进行二分的文化传统。自古希腊以降,西方哲学家们认为除了人们身处的日常世界,还存在一个更有秩序的真理世界。从二者关系上看,后者更本质、更抽象,占据主导支配地位;前者则是表象的、具体的,处于被支配地位。这种认识影响着西方数千年以来的文化。在语言学界,索绪尔区分了"言语"和"语言",乔姆斯基区分了"语言行为"和"语言能力",从本质上讲都是这种二元观的体现。这也是解构主义力图解构的对象。

中国认识世界的方式不同于西方。中国讲求天人合一,追求和谐。在事物联系中去认识自身和世界。在任何时间,"道"既是世界的本质,也是世界的组织和运行方式(Sun Tzu,1993:38)。

安乐哲正是因为对这种普遍联系的认识和他对中国古代哲学思想的理解,所以特别重视《孙子兵法》中的相关概念。在序言部分,安乐哲对《孙子兵法》进行分析时,除了探讨中西方世界观之间的差异,还重点讨论了势、形、因(敌)、将、知等概念。

安乐哲认为《孙子兵法》最关键、最核心的概念就是"势"(Sun Tzu,1993:50)。

虽然把"势"统一译为 strategic advantage（shih），但他注意到"势"是个复杂的中国传统文化所特有的概念。之所以说它复杂，是因为它同时包括多重意义。按照安乐哲的归纳整理，"势"有以下含义：

①方面、形势、环境、条件；

②安排、构成、外部形状；

③力量、影响、势头、权威；

④战略优势、（对形势的）掌控。(Sun-Tzu，1993：51)

"势"包括如此众多的意义，显然在英语中没有表述可以同时兼具这么多的含义，strategic advantage（战略优势）也只是"势"所蕴含的意义的一部分。"势"这一案例也再次印证了汉英两种语言意指方式的不同。"势"这一概念不但指相对于敌人的优势，还指带来这种优势的各种具体要素。而在英语中，至少要用两个不同的词汇来表达上述两层意思，一个是物质方面的势，另一个则是心智方面的势。中文只用一个"势"字即可，不是因为我们把这些概念混为一谈，而是因为"中外对于现实世界的认识和划分不同"(Waldron，1994：116)。中国人认为势的战略方面（选择有利的地形或形势）与物质方面二者密不可分。因此，势虽然包括客观成分，但却无形，难以具体衡量。单独用 momentum 或 combat power 难以传达"势"所包括的心理方面的内容。因此，依据"多义故"原则，"势"还是采用音译的方式处理较为妥当。

安乐哲也指出，翻译时以英语的概念语汇来澄清意思，事实上却隐藏了西方世界所不熟悉的含义，而这些被隐藏的含义却是之所以进行翻译的最重要的原因，这种情况颇具讽刺意味(Sun-Tzu，1993：51)。正因如此，安乐哲把"势"统一译为 strategic advantage，其后再加(shih)予以标注，这种做法也就可以理解了。"势"作为中国传统文化概念，其内涵与外延是 strategic advantage 容纳不了的。"势"在《孙子兵法》中共出现16次（包括篇名1次），其重要性不言而喻。安乐哲出于行文一致的考虑，以 strategic advantage 译"势"虽然也可接受，但毕竟像本雅明所谓的"宽大的皇袍"，不能体现"势"在原文中用法上的细微差别，实属无奈之举。同时，安乐哲出于对原文文化的尊重，又加音译进行标识，提醒译文读者注意"势"这个他者文化概念。当译文读者在译文中体会到 strategic advantage 言不达义时，自然会追根溯源,重新审视 strategic advantage 与 shih 的细微差别,进而对"势"的概念有更为深刻的理解。

此外,在统计的译本中,只有安乐哲对"因"做了音译处理,且在译文中出现 13 处,可见安乐哲对"因"这一概念也极为看重。值得一提的是,"因"在《孙子兵法》中并非用作名词概念,如"因粮于敌""因间"等,具有"获取""利用""依赖"等含义,这也使安乐哲的选择显得较为特殊。在安乐哲看来,"因"代表着适应环境,最大限度地利用已知条件,以达成个人目的。要做到这些,意味着要具有敏感度和适应性。安乐哲之所以看重"因"的概念,还在于"因"意味着事物之间的关联,这也呼应了他对于中国传统哲学观念的理解。

索耶尔对音译问题也较为重视。索耶尔不认为现代汉语拼音比威氏拼音法更容易理解,而汉字在字母化转写之后,两种拼音法在拼读方面都有难度。显然,索耶尔是从读者阅读体验方面考虑音译问题的,并没有把两种拼音法作为两种标准来看待。鉴于威氏拼音法使用已久,一些重要术语概念已经为西方读者所熟知,且先前翻译均采用威氏拼音法,索耶尔译本也沿用了该拼音方案。索耶尔还针对音译发音问题进行举例说明,特别如 Tao(道)、ping(兵)等声母不送气发音情况。这是汉英两种语言在发音方面的重大区别,进一步体现了索耶尔的读者关怀。

这种关怀还体现在其他一些细节上,如对于《用间篇》中吕牙的音译处理。索耶尔除将其音译为 Lü Ya 外,还在其后另加注解 [the T'ai Kung],即"(姜)太公"的音译转写。相对而言,对中国文化有所了解的国外读者可能更熟悉"太公"这一称谓,也更容易确定这一历史人物的具体所指。当然,对于姜子牙这一历史人物,还有其他更多信息。如:姜为其姓,吕为其氏,望为其名,而子牙是其字,太公只是人们对他的尊称。当然,这么多的人物信息不能放在译文当中,只能在脚注当中加以说明。这也体现了质与量这一对矛盾关系对翻译所产生的制约。

但有必要指出,索耶尔在一些音译内容的选择上不尽如人意。在统计的译本当中,只有索耶尔对"权"进行了音译,并对其做了较长篇幅的注解。索耶尔之所以对"权"如此重视,是因为在他看来,《汉书》把《孙子兵法》归为"兵权谋"类,而"权"又与"势"密切相关(Sun Tzu,1994:note 98)。权,本义为"称砣",所以常用做"权衡",意为"比较、对比"。索耶尔认为"权"还暗含"权宜"之义,与"正"相对。可见,索耶尔把"权"纳入了与奇、正、形、势等平齐的军事概念体系中,而实际上,"权"在《孙子兵法》全文中仅出现4次,且意思各有不同。如"势者,因利而制权(权变)也"(《始计篇》)、"不知三军之权(权谋之道/权宜机变)"(《谋攻篇》)、"悬权(衡量、权衡)而动"(《军争篇》)、"不养天下之权(权力、势力)"(《九地篇》)。因此,"权"并非意义相对固定的概念体系,也并不适宜单独提取出来,作为一个概念推介给目标读者。

另外,索耶尔选择"气"进行音译也并不妥当。索耶尔指出,"气"(ch'i)的概念在中国思想的很多方面都是内在的、根本的,覆盖范围广,从形而上学到医学,从科学到宗教(Sun Tzu,1994:255.5/698)。可以看出,索耶尔在中国文化的大背景下去认识"气"这一概念,并赋予它极高的地位。"气"的概念很复杂,可以指形而上的"气",也可以指心理方面的"(士)气"。但是,《孙子兵法》中"气"共出现7次,集中在《军争篇》,共6次,在《九地篇》中出现1次。"气"在这些语境下均表"士气",意义较为单一,英语中morale一词具有较为接近的含义。因此,此"气"非彼"气"。在《孙子兵法》的语境下,"气"作为普通词项,意译即可。

从"权"和"气"两例来看,索耶尔注重对相关概念的考据,但失于宽泛,倾向于把中国传统文化大语境下的概念意义套用于《孙子兵法》中相关概念的解读。类似情况还反映在《势篇》"不竭如江河"中"江河"的理解上。索耶尔把江河译为the Yangtze and Yellow rivers,显然是把江河分别具体化理解为"长江"和"黄河"。虽然该例不在音译讨论范围之列,但也颇能说明问题。

卡尔斯罗普译本中部分音译有误,其原因可能是由日语译本转译的缘故。在转译过程中,原来汉语读音经一再转手发生变化,以致卡尔斯罗普译本出现错误。这也使卡尔斯罗普1905年译本带有浓浓的日本味道,如吴王阖庐成了Katsuryo,而吴越两国则分别为Go和Etsu(Sun-Tzŭ,1910:viii)。1908年,卡尔斯罗普根据汉语版《孙子兵法》进行了重译,上述问题得到纠正,但又产生了一些新的问题,如:《谋攻篇》"距闉"一词,在各译本当中,仅卡尔斯罗普对其进行了音译,并加脚注予以解释。然而,各注家对距闉的解释为积土为山,其中,距应作动词解,通"俱""具",准备的意思。因此,并不能把"距闉"视作一个专门的概念。

当然,卡尔斯罗普译本也有可取之处。如《谋攻篇》中的"旅、卒、伍"三个概念在所有统计译本中也只有卡尔斯罗普都进行了音译处理,并加注解释这几个军事单位各自的编制人数,军 12 500 人,旅 500 人,卒 50 人,伍 5 人(Suntzu,1908:24)。其中,仅有卒的编制人数与《周礼》所记(100 人)不同。显然,卡尔斯罗普注意到了中西方之间的不同,并做了一定考证工作,这与其炮兵出身的军旅背景不无关系。

此外,卡尔斯罗普音译中还存有一定错误,如(西)周音译为(the state of) Chu,吕牙译为 Luya。

通过以上分析,可以看到,译者所选择的音译内容在一定程度上反映的是其对于源语文化的认识,这也是韦努蒂所言"认识自己眼中的文化他者"(Venuti,1992:5),即按照自己的理解去解读源语文化,把原文内容转化为容易被译语读者所接受的意象,或者把原文内容纳入译者事先搭建好的解读框架,好像原文内容即为译语读者所写。这样的译文是经过了译者加工的译文,不管译者是否意识到,都添加了译者基因,也呈现出不同的面貌。

除了上述译者的认识问题外,语言自身的也影响着音译词项的选择与处理。一些概念自身也在发展变化,这种发展变化表征着语言的变化。音译词项自身也并非保持一成不变。以计量单位的音译处理为例,如:石作为衡制单位使用时,古读 shí,今读 dàn(李零,2012:103)。袁译本音译石为 shi,潘、林两译本音译石为 dan。

在量词的音译处理方面,除了"里"在英语中接受度较高,在统计的 13 个译本中有 7 个对其进行了音译外,其他量词外国译者基本采用意译法,或采用英语中的已有词汇进行置换。

在所有译本中,只有中国译者翻译的三个译本对钟、石等量词进行了音译,这表明中国译者对这些概念的重视,认为它们在一定程度上代表着中国传统文化概念,需要在译文中予以保留。

但从另外一个角度来说,这些计量单位作为历史上曾有的概念已经淡出了历史舞台,退出了流通领域。对于它们的具体含义,学者们也持不同意见。此外,在它们使用的上下文语境中,这些单位具体的量值多少对于文本意义的理解影响不大。除了上述提到的钟、石之外,镒、铢等在文中更多体现的是一种对比意义,而其实际数值是多少对于文本意义的理解影响不大。而《形篇》《势篇》中出现的"千仞"是个虚数,指极高或极深,因此也无需音译处理。在众多译本当中仅有一个(丹马)对"仞"进行音译(jen),这就很好地说明了问题。

4.4 本章小结

本章讨论了《孙子兵法》的音译问题。音译是翻译中一种较为特殊的处理方式。译,易也。翻译即意味着变化。选择音译的译者希望通过语音转写这种变动最少的方式,最大限度地保留原文的意指方式。保留原文意指方式也是所有翻译意欲实现的理想状态。但实际情况是,两种语言间意指方式的差异客观存在,且在不可通约的情况下才诉诸音译。

音译不同于一般意义上的翻译。后者是以译语中的原有词汇转述原文中的意思;前者则以异质化的形式提醒译文读者,它是一个外来者,跨越了两种语言间的边界,集成了原文表达除外在形式以外的所有意指方式,呼唤译文读者借助其他方式,如上下文语境、脚注注释等加深对它的理解,认识两种语言间的差异,并通过这样的方式融入译语语言,成为其一部分,进而丰富译语语言的表达方式,促进其成长。

于是,音译体现出一种奇特的异质性。音译联通着源语和译语两种语言,实现着语言间的穿越,同时却又外在于它们,既不完全属于源语,也不完全属于译语,分化成不同于二者的他者。音译既标示着两种语言间的边界,又要跨越这个边界,实现两种语言间的互通。音译意在沟通彼此,却同时又阻挡着二者间的真正沟通。音译的出现揭示了两种语言间意指方式的差异,最终指向是使译文读者认识并理解这种差异,最理想的境界是这种差异的消除。这也就意味着译语最终接受音译词成为自身语言的一部分,从而实现本族语言的增长。而对于两种语言来说,就是要消除两者在意指方式上的差异,实现两种语言的同化,进而在大的人类语言史的框架下,实现人类语言向着"纯语言"这个虚幻的目标迈进。

从本章的研究结果看,音译较为显著地反映出译者处理方式的多样性。译者所处的时代背景不同、翻译目的不同,处理方式自然也会不同,具体表现为音译项的多少,音译项选取的标准,以及音译符码的选择。后者还反映出历史变迁给语言留下的时代烙印,彰显着语言的变化发展。处理方式不同在一定程度上体现了译者不同的思考角度和翻译策略,但是这些翻译策略也并不是彼此割裂的,也就是说,译者可以根据实际情况采用不同的翻译策略,而不是墨守成规,不分情况地固守同一种策略。如本章所述,音译对象往往是专有名词或文化特色项,它们一般指向明确,意义单一,极具代表性。但是,译者在音译问题上选择的多样性表明,即便极端如音译,译者仍有充足的空间,在对象的选取、标准的厘定、符码的选择等方面做出不同的选择,赋予音译内容不同的文化意象。因而,在由各种翻译方法构成的频谱上,译者面临的不只是传统译论中直译和意译两种非此即彼的选择,而是拥有更加广阔的空间,发挥能动性,根据情况灵活地运用适宜的翻译方法。

同时,解构主义视角下的音译法鼓励我们换一个角度看待两种语言间的关系。源语和译语不应被视作两个截然对立的语言实体。通过音译,两种语言实现着意指方式的沟通与交流,译语也借此丰富自己的意指方式,促进语言的发展,语言间的边界也在不断游移、变化。

作为译者而言,也应根据翻译目的把语言发展变化的因素纳入翻译决策过程。如果针对普通读者促进文化交流,那么翻译以主体思想的传播为主,不能因词害意,一定以音译来凸显两种文化的差异。但如果是出于学术研究的目的,则又另当别论。对于相关概念的追溯既往,又成为一种考证过程,超越音译乃至翻译的既有边界。

第 5 章

撒播:《孙子兵法》英译的意义流变

我们在第 4 章中讨论了音译及其代表的专有名词及文化专有项的翻译问题，本章我们将目光转向《孙子兵法》文本的理解与翻译问题。历史只留下了有关孙武的只言片语并且《孙子兵法》的成书历程也存有诸多疑问，这使得其自身就具备一定的自我解构色彩。同时，作为历史文本，《孙子兵法》极具开放性，在字词、句子、篇章等诸多层面上都存在多种解释的可能，为不同译者从事解读和翻译预留了空间，加之英汉两种语言差异的原因，《孙子兵法》译文呈现出更为多彩的样貌。

5.1 孙武及其兵书的斑驳印迹

孙子武者，齐人也。《史记·孙子吴起列传》最早记录了孙武小试勒兵的相关事迹。通过斩嫔妃、强军纪，孙武练兵取得了实效，也赢得了吴王的信任，于是得以封将。其后，吴国"西破强楚，入郢，北威齐晋，显名诸侯"，孙武在其中发挥了极大的作用。孙子的兵法十三篇也在文中借吴王阖庐之口有所提及。《史记·孙子吴起列传》对孙武的介绍集中于吴宫练兵这一件事，仅有不到五百字，对人物的刻画较为单薄。甚至还有译者认为，孙子吴宫教战的故事"几乎肯定是杜撰的"(Sun-Tzu,2009：xix)。但是，从该列传提供的为数不多的信息中，我们可以推断，至少在《史记》作者司马迁时期，人们便认为孙武在觐见吴王之前就已经完成了兵法十三篇的写作。此外，在《史记·吴太伯世家》以及《史记·伍子胥列传》中也有关于孙武的只言片语，吴王阖庐在攻下楚国舒地之后，计划进攻楚国都城郢。当吴王征求意见时，孙武说："民劳，未可，待之。"从中可见孙武深知战争之苦，体恤民情的一面。关于孙武的信息不足，且不能相互佐证，不能勾勒其完整的人生轨迹，难以形成闭合的信息环路，这些成为后人质疑孙武身份及其是否真实存在的主要原因。

5.1.1 作为《孙子兵法》作者的孙武

对于孙武的身份持怀疑态度的论者认为，有关孙武的历史记载不多，均不见于先秦史料,且作为助吴攻楚的主将,《左传》言伍子胥而不言孙武,由此质疑孙武存在的历史真实性。对此,清朝毕以珣解释为,孙武是以客卿的身份指挥这些战役行动的,因此不见于历史记载。

也有外国译者直言,《孙子兵法》不能简单地归于某个单一作者,其成书于战国晚期,应是历经战国时期战争的经验之作,并假借孙武之名(Sun Zi,2007:1)。企鹅公司 2009 年出版的闵福德译本介绍《孙子兵法》称,不清楚到底存在不存在孙武这个人,而且不可能说清是谁写了这部归在孙武名下的这本兵书。

1972 年,山东临沂银雀山汉墓出土的竹简证实孙武、孙膑各有其人,两人各有兵法传世,却也只能说明《孙子兵法》的作者并非孙膑。同时,因为《孙子兵法》的内容风格有明显的战国时代痕迹,与孙武生活的时代不符。另外,出土的《孙子兵法》汉简残缺不全,虽然有很重要的参考价值,但也只是对在世的传本《孙子兵法》进行补充、印证。黄朴民论证《孙子兵法》系孙武所著,成书于春秋晚期,但同时也不否认书中部分内容"有后人所增益的成分"(黄朴民,2008:4)。

《孙子兵法》各篇开篇处均有"孙子曰"的表述,该事实至少表明,现存各版本《孙子兵法》的结书成册实乃孙武身后之事。《孙子兵法》的成书过程也符合当时著书立说的传统,即老师口授,然后由弟子学生或氏族子弟进行整理,《论语》即是由孔子弟子整理成书,就很能说明问题。并且,在口授过程中,各弟子所记的内容并不相同,笔录难免有别字、错字,或有出入,在汇编成册时也较易因为见解不同而形成不同的版本。

李零曾经对《孙子兵法》的著作年代和作者问题的来龙去脉进行了详细梳理和考证,指出《孙子兵法》的作者问题并不因银雀山汉简的出土而成为历史,否定《孙子兵法》是由春秋末期孙武亲著的说法,并称其成书时间很可能"在战国中期"(李零,2014:355)。虽为一家之见,却具有一定的代表性。古书的形成过程十分复杂,"从思想的酝酿形成,到口授笔录,到整齐章句,到分篇定名、结集成书,往往并不一定是由一个人来完成。"(李零,2014:402)国外学者安乐哲也曾指出,我们往往以现代的概念去理解古人,以现代著作以及单一作者的想法去要求古人,"忽视了(中国古代)文本成形的真实过程"(Sun-Tzu,1993:20)。口头传授是古代知识传承的重要手段,而作者往往也并非现代意义上的某一个具体的人,而是托名于某人的一个群体(或者家学背后的氏族),因为知识在传承过程中经历积累沉淀,中间掺杂了众人的努力。安乐哲认为,像《孙子兵法》这样的著作问世,应该被认为"是一个过程而并非某个单一事件",其作者可能是"历经数代的若干人"(Sun-Tzu, 1993:20)。《孙子兵法》的思想成形于春秋晚期,而最终成书则在战国时期。在此期间,后人对兵法思想进行梳理、归纳,从中析出各篇内容,《孙子兵法》进而作为一个有机的整体出现。因此,称孙武为《孙子兵法》的题名作者较为恰当,也较为稳妥。

即便在成书之后,其内容也并非一成不变。《孙子兵法》历经后世整理刊校,且在古代传抄过程中难免出现纰漏,加之汉语自身的发展变化,因而各个版本彼此之间存在出入不难理解。

至此,我们可以得出结论,《孙子兵法》作为一本书,即便系由孙武亲自完成,现今存世的《孙子兵法》也与最初的版本有了不少区别,更遑论中间经历了众多的整理刊校,势必留下了无数后人的痕迹。从严格意义上来说,我们无法一睹它的"本来面目"。

结构主义思想认为,文本作为一个整体,反映的是作者的想法,作者对于作品享有至高无上的权力。这种权力要求文本本身是统一的、一致的,能够准确反映作者的想法。作品内部不存在互相冲突、互相矛盾的地方。这是理想的文本状态。然而,解构主义思想则认为,由于作者所处的时代背景等多种因素的影响,作者身份本身就是断裂的、冲突的,不存在所谓的统一性和一致性,所以要求作品内部和谐统一自然也就缺乏了前提和根基。对于《孙子兵法》而言,首先,由于其题名作者孙武的出生年月不详,仅有《史记·孙子吴起列传》可以让人们对其信息有大致了解,而《孙子兵法》的内容又有不少体现战国时期色彩的内容,因此,作者的权威性打了折扣,孙武的作者身份受到一定程度的质疑。其次,根据前述相关研究考证,《孙子兵法》的思想即便源于孙武,但其由思想到成书的过程也未能免于他人"染指"。即便在成书之后,也有后人注文衍入的情况发生。例如:常常为人所引用的简本《用间篇》中有"燕之兴也,苏秦在齐"一句,"苏秦是战国中后期人,不但晚于孙武,而且还晚于孙膑"(李零,2014:349)。如果说孙武为春秋时期人,我们至少可以由此按照时间先后顺序上的逻辑来判断,该句为后人所加。同时,鉴于该句有明显的时代信息,较为容易判断,那么还有多少类似情况系后人附益的章句,但时代信息却不明显的,我们不得而知。后人依据自己的理解,对《孙子兵法》的内容进行合理化、行文整齐化,这也在一定程度上更改了兵法的样貌。因此,《孙子兵法》的"作者"身份是多重的,它意指归于孙武名下的作者群体,这种特点势必会影响其内容的内在统一性。

《孙子兵法》的内容体现出一定的"矛盾性",例如其"慎战"思想。《孙子兵法》作为一部研究战争的著作,规劝统治者要慎重考虑战争,不应轻易发动战争,这似乎与该书的定位不符。又如:在讨论将帅与士兵的关系时,一方面要求将帅"愚士卒之耳目,使之无知","若驱群羊,驱而往,驱而来,莫知所之。"(《九地篇》);另一方面,又要对待士卒如"婴儿"和"爱子"(《地形篇》)。其实,切换观察问题的视角,上述矛盾可以得到较为合理的解释。如《孙子兵法》作为兵书提出"慎战"思想,孙武实际是在两种身份之间进行了切换。首先,作为将帅,研究作战、领兵打仗并取得战争胜利是其职责所在。但与此同时,作为谋臣属下,又不得不考虑连绵战事会给国家带来的各种负面影响,所以强调战前要慎重谋划,在执行作战任务时,则追求速战速决,以使战争的负面影响降到最低,而不是一味盲目求战,无视国家的整体利益,或者只追逐眼前的利益,而不顾国家长治久安的长远利益。

其次,将帅与士兵的关系。一方面,作为管理者和被管理者,将帅要知兵爱兵,体恤下情,才能赢得士兵的尊敬与爱戴。另一方面,作为战争的指挥员与命令执行者,要做到军令如山,令行禁止,士兵应做到绝对的服从。这样,军队作战才能指挥有效,整齐划一。如果有令不行,则难以在作战中取得胜利。作者以不同的身份去看待相关问题,自然会得出不同的答案。从解构的角度出发,因为并不存在所谓的超验所指,也就不能要求文本内存在一个核心意义,然后所有要素均围绕该意义进行建构。将帅的爱兵与愚兵,源于其不同身份的差异、冲突与调和,这两个看似矛盾的做法共存于同一文本当中,也就不足为奇了。由此可见,作为《孙子兵法》的题名作者,孙武的建构身份本身就存在着割裂和矛盾。这种矛盾性自然也会反映到《孙子兵法》的文本写作当中。换句话说,《孙子兵法》的"本源"并非完整自洽的能指,而是差异游戏的场所。

但是,我们看到,对于原文中存在的这些割裂与矛盾,不同的译者有着不同的处理方式。有的译者选择自己关注的一点，并对其无限放大，将其绝对化，把针对具体事的具体认识和观点扩大为具有普适性的观点，而无视其提出的具体语境。例如：闵福德就对《孙子兵法》中提到的"诡道"大书特书，并把它描绘成中国人的性格特征和流行文化(Sun-Tzu，2009：xi-xxxi)，后文还会专门讨论，在此不再赘述。

因为对《孙子兵法》的作者身份问题存疑，所以有的译者并不认为该书所有内容均为孙武所著，而有些则是后人在对其进行校刊时增删所致。在翻译过程中，他们据此对自己认为不合情理的地方进行调整。例如：格里菲斯就曾对《行军篇》《九地篇》内容进行了大幅度调整，变换文章顺序，删除了有些他认定为后人增添的内容。

5.1.2 归名于孙武的《孙子兵法》

当我们讨论《孙子兵法》的时候，我们在讨论什么？面对《孙子兵法》，著作的概念先行受到解构。《孙子兵法》作为一部著作，它与现代意义上的"书"的概念是不同的，它没有具体的出版时间、出版公司。而现代作家的创作过程，几易其稿，稿件几经修改，才以其最后的面目示人。这一创作过程在过去手写稿的时候体现得尤为明显，手稿上会布满作者几易其稿时留下的印记。这些印记反映出作者在创作过程中的思想轨迹、变化与调整。现在，由于计算机的普遍使用，作者可以随时对文稿进行修改，而电子文档表面不会留下任何痕迹。有时，办公软件还会对所创作的文字进行自动修正，甚至连作者也注意不到。这个中间过程，读者接触不到，也了解不到。读者见到的只是最终的文字。但该中间过程确实在作者的创作中产生了影响，它在记录下作者创作思路的同时，又不断被抹除。作者此一时彼一时的思想会发生变化、调整，会从不同的角度去考虑问题。这样，其完成的作品自然存在割裂、空白，甚至彼此之间存在矛盾的地方。作品也就有了进行不同解读的可能性。

对于《孙子兵法》而言，情况又有所不同。孙武是它的题名作者，其军事思想的形成、沉淀也经历了一定的发展演变。根据黄朴民的研究，即便在孙武见吴王之后，他仍据此后的参战经验和得失对《孙子兵法》进行了修订。(黄朴民，2008：11)但同时，他一个人又不能独揽所有的功劳，其基本思想可能是孙武的，但最终文本则加入了他人的劳作。因为确定不了孙武是它的唯一作者，它没有明确的写作时间，这个写作时间可能持续了数年，甚至历经数代人的努力。会有最后的结集成册，但谈不上现代意义上的所谓具体出版时间。作为一种兵学思想，《孙膑兵法·陈忌问垒》中称其"明之吴越，言之于齐"（李零，2014：351）。又因为掺杂了后人的附益之作，所以很难具体说清哪些内容是孙武的，哪些不是。另外，后世注家又根据自己的理解，对《孙子兵法》的传本内容进行增删调整，提出不同的理解，有的注文还会悄然衍入孙子正文，成为《孙子兵法》的一部分。银雀山简本《孙子兵法》是迄今为止可考证的最早版本，但它本身却残缺不全。今传本与简本相比较，存在换字、填字、把散文改对句等情况，与简本相比发生了较大变化（李零，1991：前言9）。换字的过程可能会导致解读的不同。再者，从春秋战国到秦进而至汉，《孙子兵法》的样貌肯定也有所变化，也即是说，我们现在所见到的简本《孙子兵法》也不是严格意义上最原始的那部兵书。除非再有新的考古发现，否则我们无论如何也不能追溯到过去，一睹孙武见吴王时的兵法十三篇。从这一意义上讲，现存于世的《孙子兵法》只不过是其"最初版本"的各种变体。

此外，《孙子兵法》流传至今，历经口传面授、书刻传抄的流传过程，加上汉字本身的发展变化，都增加了其文本发生衍变的可能性。如《九地篇》"四五者，不知一，非霸王之兵也"一句中的"四五者"，明代茅元仪《武备志·兵诀评》作"此三者"。陆懋德解释称由"此三者"到"四五者"是因为在传写过程中"四"与"此"音近，而"五"与"三"形近（吴九龙，1996：209）。而"此三者"在此处与原文前文衔接更为合理。但是，由于主流传本以及简本均作"四五者"，所以当前版本以此为准，"此三者"则销声匿迹，成为被抹除的印迹，成为相对而言显性的"他者"声音。这样，在现今流传的《孙子兵法》中，就少了"此三者"这个版本，这也可以被视作《孙子兵法》流变的一个缩影，从中不难推测，兵法其他内容也不排除存在类似的历史变迁的可能性。

由后人衍入的内容，会影响今人对于文本的阅读理解。很多时候，原文与衍文混杂在一起，一般人难以区分，如：《始计篇》中有"道者，令民与上同意也，故可以与之死，可以与之生，而不畏危"一句。因简本"不畏危"作"弗诡"，李零判断"畏"为衍文。两相比较，有了较大区别，不过在意思上都能讲得通。前者指不惧怕危险，后者指不对上欺瞒，产生二心。此种情况，已经难以分辨哪个是原文，又无法同时保留两种文本，只能选择其中之一。由此而导致的译文变化，也难以用对错来简单定性。

另据李零考证,现存三个最为权威的宋代《孙子兵法》之间也不尽相同,差异在于为求句对工整而加减的语气虚词,以及个别字的书写区别。各版字数分别为,影宋本《魏武帝注孙子》正文计5967字,重68字;宋本《武经七书》本共计5965字,重68字;宋本《十一家注孙子》正文共计6007字,重68字。(李零,2014:241)①除此之外,《孙子兵法》古文版本与现代汉语版本之间的差别还在于标点符号。由于各注家对意思的理解不同,断句因而不同,标点符号也会不同。这在一定程度上又反过来影响译者对于原文意思的理解和翻译。

正是由于这些不确定因素,所以译者才拥有了相对自由的解读和翻译空间。不同译者的翻译实践更像是在一个翻译"连续统"(continuum)上分布于不同的位置。

5.2 《孙子兵法》文本的开放性

如前所述,《孙子兵法》成书时间长,中间历经口授传抄、编校整理的过程,文本形态发生变化,后人校改或衍入不无可能,虽然归于孙武名下,但该书有今日之面貌,"染指"的不止一人,加之作为作者的孙武,其身份在寥寥数笔的历史记载中亦有割裂。诸多原因交织在一起,使得《孙子兵法》在字词、句子、语篇等层面较之一般文本更具开放性,为译者的多样化的阐释和翻译提供了可能。

5.2.1 字词层面

《孙子兵法》距今已有2000多年的历史,汉语经历了从古汉语向现代汉语的演变。从历时角度看,字词的含义发生了较大的变化。《孙子兵法》英译,先要经历从古汉语到现代汉语的语内翻译,再完成汉英两种语言间的语际翻译。在此过程中,《孙子兵法》原文中的一些概念并不能得到充分阐释。其中原因,一方面,字词概念随着时间发生了流变,字词在使用过程中不断被赋予新义,字词作为概念符号成为能指游戏的场所;另一方面,由于处于不同文化语境下的译文读者并不共享源语文化认知,同时,受语言转换的限制,译文很难在字数大体相当的情况下把原文的意思完全地呈现于译文读者面前,所以语际间的交流出现障碍。

---

① 重,重文,指异体字,某个字的另一种写法。

军事术语属于特殊类别的文化专有项。张婉丽把《孙子兵法》中的军事术语进行了较为细致的区分,按照组织编制、供应保障、军备武器、战略、作战、地形分为六大类,共计 149 个(张婉丽,2013:18)。张婉丽的研究发现,除少数作战和组织编制类的术语外,如攻、守、战、军、兵等,很少有军事术语可以在译语中找到完全对等的表述(同上:60)。即便是这些术语,受行文限制等因素影响,在译文中也须因地制宜地选用恰当的表达,表述方面呈现出多样性。而对于其他大部分军事术语来说,由于语言的发展变化,术语作为能指,成为意义累积、游戏的场所。新的意义出现、沉淀,新旧意义作为印迹交织在一起,影响着人们对于其意义的认知、理解和翻译,而译文还会反过来影响译文读者对于原文的理解和接受。

以《孙子兵法·计篇》中的"庙算"一词为例。其中,庙"指庙堂,是国君议事之所"(李零,2014:10)。算为"算筹"之算,算筹则是一种小棍状的计算工具,材质是竹木,有固定长度。庙算理应被看作一个词组来理解,系指"在庙堂上用算筹计算敌我实力,决定胜负"(同上:11)。且这一释义只是对庙算一词的粗略解释,对其具体的组织形式、议事程序等信息并没有涉及。这样看来,如果我们要了解"庙算"之实,那么需要补充的信息还有很多。从翻译情况看,众多译者(如翟林奈、格里菲斯、安乐哲、索耶尔、闵福德、林戊荪、潘嘉玢和刘瑞祥等)都把庙译成了 temple,而 temple 在英语中指除基督教外其他宗教用于敬奉神明的寺庙,并不对应汉语特别是《孙子兵法》中"庙"这个字所具有的"宗庙"或"议事之所"的意思。以 temple 来译"庙",如果不加以解释,很难想象西方英语读者可以构想出什么样的意象。虽然找到了所谓对应的词,但是因为两种语言间不同的意指方式,译文读者读到了认识的词,但是理解不了该词所代表的确切含义,或对源语文化中的相应内容产生一种经过形变之后的认识。换句话说,翻译并非透明的玻璃,透过翻译去理解原文内容,如同光透过滤镜,或者光线经过折射后的效果。译文读者所见并非原文所提及的事物本身,而是经过变化的一个影像,该影像也有可能发生了严重的扭曲。更何况,即便对于现代汉语读者而言,如非专业人士,"庙算"只是个由时空阻隔的历史概念,其确切本义已很难考证。

另外,从庙算的目的和方法看,它与现代的兵棋推演相似,但又不能以兵棋推演进行比附。毕竟,后者并没有庙算一词所蕴含着的对场所的选择,庙内在的"宗庙"之义暗含借助祖先神明之力希冀战争获得胜利的意味,这一点在兵棋推演中是看不出来的。"国之大事,在祀与戎。"祭祀祖先与戎马征战,在中国古代被看作国家的两项大事,将战前会议放置到宗庙、祖庙中进行可以理解,但如果地点换作寺庙则于情理不通。受限于翻译字数上的要求,加上"庙算"一词在《孙子兵法》中的作用,在译文中并不能就该词的前世今生做细致的解释和说明,因此译文中的庙算留下的往往只是一个笼统的意象。现选取几个译本对该词的处理为例:the estimates made in the temple(格里菲斯),the calculations in the temple(潘嘉玢和刘瑞祥),the temple calculations(闵福德),assessment of the situation at the prewar council meeting in the temple(林戊荪)。这几个译本对"庙"的处理相同,都译为temple,其弊端前文已讨论,不再赘述。这样的选择不无遗憾,但或许这也正是译者经过权衡之后的无奈之举或权宜之计,体现出翻译的不可能。这也暗合了本雅明之言,即译者的任务也是失败的任务。另外,在"算"的处理上,分别有 estimates、calculations、assessment (of the situation),这几个词有相通之处。格里菲斯在对《始计篇》标题翻译的注释中指出,计(estimates)的意思包括估计(reckoning)、计划(plans)以及计算(calculations)(Sun Tzu,1963:63)[①]。也就是说,"计"其实是包括了几层不同的意思,彼此之间相互区别并且也有关联。这几层意义都或多或少在《始计篇》中有所体现。格里菲斯以 estimates 来翻译标题中的"计",而其后译文中处理"算"也用了 estimates,可见,在格里菲斯看来,estimates 是可以与 calculations 进行互换的。结合《始计篇》全篇内容来分析,该篇着重讨论作战之前对于敌我力量的分析权衡,借此对作战前景做出预先研判。因此,无论是标题中的"计"还是其后"庙算"中的"算",都有评估、估算的意义。所以,用 estimates、calculations、assessment 来译"算",都或多或少有其合理的成分。格里菲斯其后对"庙算"所在的段落进行了较为细致的脚注,说明计的过程当中使用了某种计数装置,并指出可能是一种原始算盘(ibid.:71)。同时,格里菲斯也对庙算的具体过程表示困惑,不过指明这是一个理性过程。应该指出,这种说明性文字也是浅尝辄止,

---

[①] 原文为:The title means 'reckoning', 'plans', or 'calculations'. 本书行文中为对这几个词加以区分,才选用了不同的三个汉语词汇加以替换。其实,这几个英语词汇的意义也较为丰富,并非与选用的汉语词汇存在严格的一一对应的关系。

难以对庙算的具体环节、程序、要求等进行一一还原。《始计篇》位于《孙子兵法》全书之首,而该篇又着重讨论如何通过庙算评估敌我力量对比情况,且得算多少也直接关系着战争最后的成败,重要性不言而喻,"多算胜,少算不胜,而况于无算乎!"(《始计篇》)。鉴于庙算在《孙子兵法》全文中的重要地位,似应对其进行详细介绍。但综观各家翻译,在此方面着力用墨的不多。此外,在上述几个译文中,林戊荪对庙算的翻译用词最多,解释最为细致,在其该段译文中加译者注,指出庙算是中国古代战争之前的一种惯例。这一方面体现了译者对读者的人文关怀,另一方面也说明要把庙算的含义在译文中讲清楚实属不易。出现这种情况,一方面是由于中西方文化的差异,西方国家作战前也会举行类似的战前会议,对敌我力量进行评估分析,但这种会议的形式和召开地点会有所不同;另一方面,"庙算"的字词含义也发生了较大变化,特别是对"庙"字的翻译处理,不少译者均用了 temple 一词。虽然 temple 代表了"庙"的字面意义,但却体现不出该字在孙武时期的历史含义。通过翻译,temple"寺庙"的含义得以彰显,而"庙"原来"宗庙、祖庙"的意义受到遮蔽,译文反过来对原文的意义造成影响。在译文读者看来,古代中国的战前形势分析会需要到寺庙中举行,而且形势分析会的程序等信息也不清楚。不得不承认,这些都反映出翻译过程中理解和表达环节的局限性。

又如,《始计篇》中还出现了"阴阳"一词。在西方,阴阳已经成为一种中华民族的文化符号,"阴阳不是某种具体的概念,如阴晴、冷暖,而是一种无所不用的抽象概念。阴阳,是一种二元化的表达,中国的数术、方技,各门技术都和阴阳五行理论互为表里,到处都贯穿着这一概念。"(李零,2012:62)第 9 版《牛津高阶英语词典》也分别把 yin 和 yang 解释为源于汉语的中国哲学概念,将二者归入哲学范畴。但是,回归到《孙子兵法》原文,在"天者,阴阳、寒暑、时制也"一句当中,阴阳与寒暑、时制并置,显然意义更加具体,而并非前述普遍化的一组对立的哲学概念。这是因为,如果那样的话,就不需要再把寒暑置于其后,但同时又不能用"日月、早晚、(天气)阴晴"等表述加以简单替代。在此例当中,阴阳的意义由古至今发生了诸多变化,但作为哲学概念的意义已经走到前台,成为其显著意义。提到阴阳,人们首先想到的是其所表征的统一、对立和互化特性,将其视为一组正反相成的哲学概念,并继而影响译者和读者对上述文字的理解。

从以上例子可以看到，《孙子兵法》在字词层面的开放性主要体现在以下几点：首先，兵法的英译实际上要先经历语内翻译的过程，即用近现代汉语进行阐释的过程。而历经岁月变迁，很多字词的古义已很难追溯，人们对它们的理解只是一定程度上的还原，彼此之间也存在细微的差异，这些差异围绕所谓的"真相"构成语义游戏的场所。所谓的词语"本义"只是一种神话，换言之，词语本义自起始处就存在延异，或者说即是印迹的游戏。既然没有词语本义一说，那译文与原文对等的要求也就失去了其前提和基础。其次，汉语中合成词汇的意义也不是其构词各要素意义的简单相加。特别是当翻译牵涉其中时，采用对应转换的方式来翻译处理常常并不合适，如在"庙算"的翻译中以 temple 对译"庙"就不恰当。这是因为，"庙"本来具有多义，而"寺庙"只是其中一种意义，只不过在使用过程中已经上升成为一种显性意义，但并不能因此就否定其他意义的存在，且以此来解释或翻译属于一种语义错位，从中也可以看出字对字翻译这种方式有可能造成的谬误。再次，翻译的性质决定了译者不会也不能斤斤于字词的细致处理。翻译不同于解释，也不同于文本细读。翻译对译者在译文的质和量两方面都提出了要求。质的方面要求译文具有可读性，译文不能因词害意，译者不能耽于对字词的细致解读而使译文佶屈聱牙。同样，量的方面也决定了译者需要控制译文长度。而由于英汉两种语言不同的意指方式，译者很难在有限的字数内把原文中的所有概念意义都解释得清楚详尽。此外，并不是《孙子兵法》中所有概念在现代汉语释文或是英语译文中都占有同样的权重。从读者角度来说，普通读者可能更关注《孙子兵法》中时至今日仍然适用于工作、生活的一般性原则，《孙子兵法》的运用也不再仅仅局限于军事领域。因此，译者在翻译时可结合实际情况做出取舍，对那些于全文理解影响不大的概念做弱化处理，比如中国古代的计量单位，有些在行文中只起到对比反衬的作用，其确切数值本就存在争议，英语中也不存在完全对等的词汇，有些译者就以英语中已有的较为常见的计量单位予以替换。这样做减少了译文行文的拖沓，照顾了译文读者的阅读体验。上述种种情况都会造成阐释和翻译的留白，也为后人留下了继续操作和释读的空间。

5.2.2 句子层面

在句子层面，受到文章句读、文字衍变、后人校勘、以讹传讹等因素的影响，《孙子兵法》也会引起不同的理解,产生不同的意思。

众所周知,古代《孙子兵法》的句与句之间并没有标点符号,现代版本中的标点系今人所加,不同的断句及标点体现出校勘人员或后世著者对于《孙子兵法》的不同理解。

例 5.1：力屈财殚中原内虚于家(《作战篇》)

杨丙安《十一家注孙子校理》中断该句为"力屈、财殚,中原内虚于家"(杨丙安,2012：43)。而熊剑平《〈孙子兵法〉导读》则断句为"力屈(财殚)中原,内虚于家"(熊剑平、王敏,2018：25)。根据断句情况,两句中"中原"的作用不同。在杨氏断句中,中原作后半句的主语,指代出兵作战的诸侯国;而在熊氏断句中,中原则为力屈(于)中原,应为地点状语,因此两种断句应该会呈现不一样的图景画面。但是,熊剑平给出的现代汉语译文是："兵力损耗,财政便会枯竭,国家就会空虚。"(同上：27)很明显,该释义与其断句意思判断并不相符。这也表明了作者在断句者和现代汉语阐释者两种身份之间的割裂。之所以出现这种情况,部分原因是《武经》本和简本兵法均无"财殚"二字。对此,郭化若将军解释为："财殚"二字可能为后人所增,亦可能为竹简所抄漏(郭化若,2012：12)。可见,现在已经较难判断"财殚"二字是否属于所谓"原文"的一部分。因而,《孙子兵法》传世过程中发生的流变不但造成了版本之间的差异,也影响着后人对它的分化理解。

例 5.2：攻而必取者,攻其所不守也;守而必固者,守其所不(必)攻也。(《虚实篇》)

在该例中,今本作"守其所不攻也",李零(2012：206)则主张据简本及古代引文将"不"改为"必"。由此,在"必"和"不"之间就存在选择的问题。"不"有可能是后人考据的结果。"不攻"与"必攻"从字面看意思截然相反,但置于句中却均可以解释得通。此处可以被看作敌我双方对垒时心理上的攻防。张预对该句的注解为"善守者,藏于九地之下,使敌人莫之能测;莫之能测,则吾之所守者,乃敌之所不攻也"(杨丙安,2012：141)。敌人不掌握我方布防情况,就会有所忌惮,就不敢轻易用兵。这属于我不可知的情况。而如果是"守其所必攻也"这种情况,则意为我方对于敌人的进攻计划掌握得一清二楚,派重兵驻防其势必要进攻的方向,集中己方兵力,全力迎敌,在局部形成"我众而敌寡"的局面,因而能够击败敌人的进攻,取得己方防守的胜利。这属于我方知敌的情况。既然两种表述都有可能,那也就难怪会出现不同的变体。只不过每种表述虽然均能自洽,却隐含着意思上的细微差异。从行文看,为取得与前面一句即"攻而必取者,攻其所不守也"在句式上的工整,似乎以"守其所不攻也"为更佳。在翻译中,由于没有以上解释,需要译文读者自行填补意义上的空白。由于不同译者依据的翻译底本不同,所以译本呈现出的面貌也会有所不同。对于该句,袁士槟(孙子,1998:23)译为"To be certain to hold what you defend is to defend a place the enemy dares not or is not able to attack."(下划线为本书作者所加,下同);而潘嘉玢与刘瑞祥译作"That you are certain of success in holding what you defend is because you defend a place the enemy must hasten to attack."(吴九龙,1996:274)。这样,仅从字面看,两种译文似乎表达了相反的意思。对原文的理解和阐释已经退居幕后,不再现身。

而译文以简洁见长的闵福德给出的译文则是:

Be sure of victory

    By attacking

        The undefended.

Be sure of defence

    By defending

        The unattacked. (Sun-Tzu,2008:31)

可见,闵福德照顾了原文章句的工整特点,译文与前面两个相比,字数最少,却也颇得原文要旨,不失为一种较好的翻译处理方法,但仍免不了在原文两种情况变体间做出选择。

因此,《孙子兵法》文本在衍变的同时,也融入了更多不同的声音。这些声音此消彼长,相互博弈,但最终只能以一种面目展示在世人面前。

此外,当注释者和译者为不同人员时,由于沟通不顺畅或者不可能面面俱到,句子层面理解和翻译间的裂隙表现得尤其明显。

例5.3:将听吾计,用之必胜,留之;将不听吾计,用之必败,去之。(《始计篇》)(着重号为笔者所加,后面同)

在该例中,将可以作不同理解,它既可用作虚词,表示"如果、可能",也可作实词解释,译为"将帅或裨将",《十一家注孙子校理》当中,陈皞解释称"阖庐行军用师,多自为将,故不言'主'而言'将'也"(杨丙安,2012:14),把此处的"将"特指为阖庐。对"将"的理解不同,致使该句(段)也会出现不同的理解。李零(2012:64)对该句归纳了三种不同的解释:一是认为这句话是孙子说给吴王的,是说如果你听从我的计策,那就肯定能取得胜利,我就留下来;反之,肯定会失败,那我就走。"将"作"假如、如果"解。二是国主对将帅或主将对裨将说的这句话,言者与听者是种上对下的关系,如果将帅/裨将能执行我的计策,那就把他留下来,反之,就撤掉他。在此种解释下,"将"作实词,意为"将军"。三是看敌人是否中计,中计我就留下与其周旋,否则就撤离。听的主语发生了变化,指敌人,而听也不再是"听从、顺从"的意思。李零本人认为第二种可能性较大。但其他两种解释毕竟也是一种声音,一种理解方式,也有其合理的一面。只是,它们被大多数人的看法和意见所压制,因此成为一种"被压抑的声音",一种他者的声音。但是,我们并不能断然否定它们的存在。蔡英杰统计《孙子兵法》中"将"作单字词使用共计 36 次,且 36 次均作名词使用(蔡英杰,2003:7)。显然,蔡英杰把本例中的"将"也一并按照名词理解为"将军"之意,同时也就排除了其用作"如果"的可能性。当然,出于研究目的,统计中不允许出现模棱两可的情况,但这种科学理性主义一刀切的做法恰恰是逻各斯中心主义的一种表现,是解构主义所要解构的对象。

当不同的声音出现在同一著作当中时,其中的不和谐就会突显出来。例如:"大中华文库"(汉英对照)工程是我国历史上首次系统地全面地向世界推出外文版中国文化典籍的国家重大出版工程,代表了中国的学术、出版和翻译水平。其中,《孙子兵法·孙膑兵法》是文库系列丛书之一,于 1999 年出版,由吴如嵩、吴显林校释,林戊荪翻译。2001 年,外文出版社又将该书作为"经典的回声"系列图书之一出版发行,并先后再版。在该书中,"将听吾计……"一句的中文校释为"如果听从我的计谋,作战一定胜利,我就留下;如果不听从我的计谋,作战一定失败,我就离去"。而英译文为"The general who employs my assessment methods is bound to win; I shall therefore stay with him. The general who does not heed my words will certainly lose; I shall leave him."(林戊荪,2004:7)

很明显,对于原文中"将"的理解,校释者和译者之间并没有形成统一意见,也许是双方没有料到中间会出现这样的问题,没有做这方面的沟通。前者把"将"理解为虚词,作"如果"解,表示情况的假设,句子是条件句,句中缺少对于(不)听从这一动作的施动者的明示;而译者则把"将"理解为名词,作"将军"解。此外,他们对原文中的"留之"和"去之"理解也不同。"留"和"去"在原文中可以用作主动用法,表示"(我)留下或离去",也可用作使动用法,表示"使之留下或离去"。相应地,"之"所指示的对象也会有所变化。在英译文中,根据意思判断,"我"的身份应是将军身边的参谋人员、军师或谋士,而实际情况根据《史记》记载则是孙武谋求在诸侯国封将。从逻辑上判断,林译文此处距离原文意思相去甚远,使得孙武"自降身价",属于理解错误基础上产生的误译。对于不熟悉汉语的读者而言,这无疑又使《孙子兵法》在译语中产生了另一种面貌。

无独有偶,类似情况也发生在中外学者合作完成的译作之中。2012 年,中华书局出版《孙子兵法》(中英文对照)一书,李零今译,安乐哲负责英译。李零对上述文字的今译为:"如果(受计者)服从我的计谋,使用必将获胜,就留用他;如果(受计者)不服从我的计谋,使用必将失败,就撤掉他。"(李零,2012:8)而安乐哲的译文为:"If you heed my assessments, dispatching troops into battle would mean victory, and I will stay. If you do not heed them, dispatching troops would mean certain defeat, and I will leave."(安乐哲,2012:9)。

对比这句话的今译和英译,可以看出以下不同。首先,对于谁听取我的计谋,李零没有明确,且最大可能地保留了"将"的意义,各用法均有所体现。而安乐哲把"将"译为 you,明确为孙子献书的吴王。其次,他们对于"留"和"去"的理解也有分歧。李零认为它们分别指留用、撤掉,而安乐哲则理解孙子本人为"留"和"去"的施事主体,它们的意思也分别变成了留下、离开。

以上这两个案例说明,一方面,合作者只关注自己负责的那一部分,而对可能产生不同理解的内容没有进行充分、细致、有效的沟通,即使表面看来意义明确的句子段落,由于解读者的认知角度不同,理解也会出现差异,而这些不同解读者间的差异当处于同一文本中时表现得更为明显;另一方面,《孙子兵法》具有文本开放性,这才导致不同人有不同的理解,而各种理解又能在一定程度上自圆其说,可以解释得通。现代汉语译文与英语译文之间的分歧使得原文的开放性得以凸显。作为原文本的书写者,孙武失去了对其意义的宰制权力,而上述文字也在"将""用之""留之""去之"等词语能指的游戏中不断生成新的意义。

5.2.3 语篇层面

李零曾在其著作《兵以诈立——我读〈孙子〉》中把《孙子兵法》排序第八的《九变篇》放于第十一的《九地篇》之后进行讲解。在解释原因时,李零提到了先秦古书的成书特点问题,指出古书"一般是用自成片段的短章拼凑而成",并且"古书,选、编比写更重要"(李零,2012:314)。各部分间的逻辑关系可能并没有那么紧密,也不能简单以现代的文理标准去要求它。成书的好坏与整理相关,选编得好,内容就有条理;不好,内容就较为散乱。现在的《孙子兵法》是经过选编整理之后的结果,也是历代编校人员与《孙子兵法》不断进行文本对话的产物。李零提出了一种可能性,认为"《九地》是全书整理的尾巴,最后没有加工好。《九变篇》就是从《九地篇》割裂,用该篇草稿中的剩余资料拼凑而成"(同上:315)。这在一定程度上能够解释为什么《九地篇》与《九变篇》在体量上与其他各篇差异较大,分别是《孙子兵法》中最长和最短的两篇,且二者在内容上有较强的关联性。结合上述分析,也就较容易理解为什么人们在《九变篇》中"九变"与"五利"的认识问题上莫衷一是了。

而银雀山出土的《孙子兵法》篇题木牍,虽然文字残缺,但也能表明简本与传本在篇次排列的先后顺序上"存在着较大的出入"(熊剑平,2015:57)。差异集中在《虚实篇》《军争篇》《九变篇》《行军篇》等中间几篇以及《火攻篇》《用间篇》末尾两篇的排列次序上。这种差异说明《孙子兵法》各篇在排列的先后顺序上也存在其他可能性。

《孙子兵法》的上述特点提醒我们不必苛求其在语篇层面的文通字顺,同时也有利于帮助我们破除有关文本的逻各斯中心主义认识,即认为文本非要围绕同一中心进行组织,各部分之间存在紧密的逻辑关系,起承转合、衔接有序。同时,这些所谓的"不足"也有利于激发译者的主体性,使其创造性地与文本进行互动,发掘文本新意。

例5.4:(1)孙子曰:凡用兵之法,将受命于君,合军聚众,交和而舍,莫难于军争。(《军争篇》)

(2)孙子曰:凡用兵之法,将受命于君,合军聚众,圮地无舍,衢地交合,绝地无

留,围地则谋,死地则战。(《九变篇》)

在该例中,传本《孙子兵法》的《军争篇》和《九变篇》两篇相接,分别为第七和第八篇,且开篇前17字(至"合军聚众")相同,不能不说极为巧合,存在校勘整理后分属两篇的可能。其后,《军争篇》的"交和而舍"一般从曹操解释为"两军对垒扎营"。其中,"和"为和门,即军门。"交和"即可引申理解为两支军队相互对峙的局面。在历代注家当中,也有不同见解出现。如李筌解为"交见和杂也",而贾林解称"士众交杂和合",均指使征集的部队融为一体。但这种解释较为小众,呼应较少。而如果放眼语篇层面,则会出现不同的见解与风景。在《九变篇》中,上述相同17字之后出现的是"圮地无舍,衢地交合"两小句,其中有"舍"和"交合(和)"字样,这里的"(无)舍"和"交合"分别指的是军队在圮地和衢地环境下的处置方式,分别指"不要驻扎"和"结交邻国"。如此看来,《军争篇》中的"交和而舍"也不排除是此二者组合的可能,系校编整理的结果,泛指在各种地形境况下的用兵处置。全句则可解释为:将领从君主那里领受作战任务,集结军队,在各种情况下的用兵处置中,最难的要数军争。这种解释自然也有其合理之处。《军争篇》与《九变篇》两篇本就相接,《军争篇》在《九变篇》之前,两篇内容经后人传抄校补,互有侵扰也在情理之中。

在银雀山汉简中,《九变篇》"衢地交合"前仅留有约12字的位置,李零(2014:160)判断汉简文本中该处少"将受命于君,合军聚众"两小句。而《通典》卷一五四引文中无《军争篇》"将受命于君,合军聚众,交和而舍"三小句。由此可见,两篇开篇前17字相同,这种巧合系后世校勘整理结果的可能性较大,那也就不排除"舍"和"交合(和)"存在"款曲暗通"的可能性。但现在存世的两篇表述已经成为既定事实,固定为传本内容,得到了相对合理的解释和学界的认同,也就失去了追溯既往的必要。

例5.5:(1) 故曰:胜可知,而不可为。(《军形篇》)

(2) 故曰:胜可为也,敌虽众,可使无斗。(《虚实篇》)

单独对比该例中的两个句子,它们分别出自《军形篇》与《虚实篇》两篇,从字面表述看似乎得出了彼此矛盾的论断。置于《孙子兵法》这个大的语篇语境下,看似矛盾。然而,当我们细察它们所在各篇小的语篇语境,它们又有各自合理的成分,可以解释得通,矛盾又得以调和。胜究竟可为不可为,这需要依据具体情况而定,而不是不加区分一味肯定或否定。对此,李零(2012:160)曾专门做了对比分析。第一个句子当中的"胜"其实是指形胜,也就是军队实力对比的胜,是《始计篇》中经"五事七计"综合研判得出的结果。这种实力差异是客观分析形成的结论,敌我双方的强弱对比并非一日之功,也难以一蹴而就,所以说"胜不可为"。而第二个句子当中之所以说"胜可为",这里的"胜"是指双方作战胜负的胜,历史上也不乏以少胜多、以弱胜强的战例。如此一来,此胜非彼胜,胜既可为,又不可为,这种截然相反又纠缠共生的状态就隐匿到《孙子兵法》大的文本当中了。

区别于传统意义上的语篇连贯,本部分所讲语篇层面的开放性强调但不限于因为古书成书的特点而产生的文本内部的断裂、空白、矛盾。虽然相较于语录体的《论语》而言,《孙子兵法》各篇间的关联更为紧密,但我们并不能因此就按照现在的标准去严格要求它。

5.3 案例分析

《孙子兵法》开放性的文本为其文字,也即符号能指提供了游戏的场所,并在能指游戏中生成意义。文本的开放性也意味着意义的游移、撒播,不同研究者可以从相同文字中解读出不同的意义,而这些不同的解读又会随着翻译生成多样性的译文文本以及新意义。就《孙子兵法》而言,其英译甚至又反过来影响到了孙武乃至中国的对外形象塑造,还曾引出一段公案,颇具典型意义。

清华大学刘桂生教授曾先后两次撰文批评指出,由于《孙子兵法·九地篇》中一段文字的理解和翻译(特别是国外译者)问题,导致孙子被误读,成了威慑理论的鼻祖(刘桂生,2014,2016)。通过细读相关文献资料,本书作者认为,孙子被误读,不能完全归咎于理解和翻译问题。事实上,由于文本具有的开放性,《孙子兵法》具有了进行多种解读的可能空间,而不同解读和翻译也具有其自身的合理性;同时,不能为了给孙子正名,而对文本进行另类解读,文本解读也需遵循语言在重复使用中积淀下来的规则。本节试图通过对相关文本的原文和译文进行分析,尽可能地"还原"这段文字的真实面貌,探讨其在理解和翻译中意义延异、撒播、产生形变的过程,并在此基础上阐明在典籍外译与国家形象塑造二者关系这个问题上应秉持的态度和立场。

前文所提刘氏文章讨论的文字如下:

> 夫霸王之兵,伐大国,则其众不得聚;威加于敌,则其交不得合。是故不争天下之交,不养天下之权,信(通"伸")己之私,威加于敌,故其城可拔,其国可隳。(《九地篇》)

其中,刘桂生用以说明问题症结的在于"故其城可拔,其国可隳"中的"故"和两个"其"字,以及争交和养权的历史意义,并将他人的解读概括为语法关系和概念意义两方面的错误。刘桂生指出,该段文字中"其"字共出现四次,其中前两个指代文中的"大国",而后两个则为自反代词,指"霸王"。此外,"故"并非通常人们所解释的"因此、所以"意义,而是弱化理解为"则",以与前半句的意思进行衔接。按照其处理解释,上述文字可今译为:

> 王、霸的兵力討伐大國,該大國的民眾將會離心散德;王、霸的兵威所至,別的諸侯國不敢來和該大國交往。但是,如果王、霸因此便不再致力於對外爭取與國,對內養護自己的政權;而只知爲私欲而向對方施壓,那麼王、霸自己的城池將被對方所攻破,國都也將被摧毀。(刘桂生,2014:218)

如此一来,该段文字后一句就成为对"王、霸"的劝导和警示,劝导其应如何正确立国,警示其不争交、不养权、一意孤行伸己之私的后果。这样,霸王之兵便不会再威加于敌、进而拔城隳国;相反,霸王之兵应当争交、养权,以免被拔城隳国。如此,霸王之兵无须再信己之私或威加于敌,孙武"军事威慑理论鼻祖"的帽子也可以被摘除。在此基础上,自然也可撇清中国与威慑理论之间可能的关联,自然也会弱化所谓的"中国威胁论"。这种出发点是好的,却又引出了另外的问题:是否为了维护传统历史人物形象以及由其代表的国家"和平形象",就可以对典籍内容进行不寻常的解读和翻译?即便如此,对于维护国家形象、促进当下中外交流是否有所裨益?如何看待典籍外译过程中国家形象的构建?这些也是本节试图讨论的问题。

5.3.1 文本意义的撒播

以德里达为代表的解构主义学派对结构主义"差异产生意义"的观点进行了批判和继承,并在其基础上引入时间维度,提出了"延异"的概念,认为所谓的字词意义不过是由一个能指(signifier)到另一个能指的不间断链条,否定西方传统理念中的逻各斯中心主义,否定文本唯一的、确定的、不变的终极意义。字词具有多义性,一旦写入文本,字词意义便不再由作者控制和主宰。意义的生成具有延宕化和空间化特点,语言自行撒播,在不断延异的过程中、在能指游戏过程中生成意义。撒播是语言的内在力量,这种力量在书写之前已然存在。撒播的运作破坏了那种让人舒适的观点,即每个概念"都必须有自己完美的形式和纯粹性"(Lucy,2004:29)。在同样的机制下,文本也失去其内在的统一性,密闭、自洽的结构性被拆解。这为文本的多样化解读提供了一定的理论依据。但同时,多样化解读并不意味着个人可以随意界定字词的意思与用法,"语言游戏"也应该遵守一定的规则,否则,文本就会丧失传递信息的基本功能,也就变得不可理解。

王一多(2012)论述了翻译中不确定性和确定性之间的辩证关系,并从阐释学视角、历时视角以及语境和连贯三个角度分析了不确定性中的确定性问题。具体到本章的案例研究对象,可以从意义的不确定性和相对确定性两个方面进行分析。意义的不确定性是指文本结构的开放性为不同解读提供可能,而相对确定性则因为解读只能是一定限度内的解读,不可信马由缰,强行赋义。这里所说的一定限度指语言重复使用中被人们逐渐认可和接受的语言规则。需要注意的是,语言规则也在不断发生变化,只不过这种变化常常悄然进行,对比几十年内汉语的变化即可感知。因此,今人解读古文,往往有以今日之见识去解读古文的可能,也有可能出现另一种情况,即虽用古义去解古文,但此古义非彼古义,有时空错位之虞。

5.3.1.1 章句的割裂

对于《九地篇》的成篇由来,学者们还持有不同意见。一些学者认为,该篇成文较晚,"内容十分凌乱,……很可能是由各篇编余的零章碎句组成"(李零,2014:72)。表现较为明显的一点,即本篇内容字数要远多于《孙子兵法》中其他各篇。《九地篇》约1070字,约占全文的17.6%,接近20%。按照常理,作为一部兵学著作,其各章内容应该大体均衡,即便有所出入,也不会过大。而《九地篇》的字数是字数最少的《九变篇》(240多字)的4倍多。如该篇确系拼接而成,则篇内存在逻辑上不合情理之处自然也更在情理之中。当然,上述认识何尝不是我们的刻板偏见,即认为《孙子兵法》作为文本其内部需有一致性要求,直接感受就是不同章节要篇幅相当,内容上具有逻辑性。无论如何,现存《九变篇》一篇文字字数远超其他各篇,这是不争的现实。

此外,引述文字之前还有两句,这两句引出了"霸王之兵"这一概念,说明成为"霸王之兵"应具备什么样的条件。引述文字本身在此基础上进一步谈"霸王之兵"何以做到"其城可拔,其国可隳"。因此,有必要先对作为其引子的先前两句的内容进行分析讨论。

"是故不知诸侯之谋者,不能预交;不知山林、险阻、沮泽之形者,不能行军;不用乡导者,不能得地利。四五者,不知一,非霸王之兵也"[①]这两句引出了"霸王之兵"的概念。李零(2012:308)就将这部分内容与本章所讨论的文字划归一段,可见二者关系之紧密。除了《九地篇》,"……,不能得地利"一句还出现在《军争篇》。二者之间略有不同。《军争篇》中,无"是故"的"是"字,"不能预交"的"预"为"豫"字,二字互为异文,彼此相通,其余文字则相同。可见,该句在《军争篇》与《九地篇》之间有重复,"疑系衍文"(黄朴民,2008:255)。如果该句系衍入内容,那么就会影响到后文的理解,即"四五者,不知一,非霸王之兵也"一句。换句话说,也就是什么样的军队才称得上"霸王之兵",即成为霸王之兵的条件会出现变化。

如前文所述,"四五者"存在与"此三者"混淆使用的可能性。"四五者"和"此三者"均可以找到合理的解释。如是"四五者",则四五相加为九,与本篇"九地"内容相符。但是,这种"四五计九"的表述较为罕见,并不足以采信,然而并不能排除这种可能性的存在。也有学者为"四五者"在该篇中找寻其他内容依据,存在另有所指的可能性。如是"此三者",则可意指先前一句的内容,即"是故不知诸侯之谋者……"所指的"三不知"情况。如此说来,"是故不知诸侯之谋者……"是否衍文关系重大。但现实情况是,包括简本在内的主流版本已普遍采用"四五者"这一说法,虽然"四五者"这一表述与前句之间并不形成直接的承接关系。因此,不同译者根据自己的理解对这一部分内容进行了处理,有的按字面直译(翟林奈、丹马),有的将"四五者"按"九地"进行理解翻译(潘嘉玢、刘瑞祥和袁士槟),格里菲斯按"此三

---

① 影宋本《魏武帝注孙子》和简本《孙子兵法》中"不知一"均作"一不知",因从意义上讲无差别,此处采用《十一家注孙子》之说。

者"进行翻译,但以脚注的形式说明了由"四五者"到"此三者"的变化,体现了译者的能动性。还有译者则进行了模糊化处理(闵福德、安乐哲、林戊荪、sonshi 网站)。

表 5.1 不同译本对《九地篇》中"四五者(此三者)"的翻译处理

译者	译法
翟林奈	any one of the following four or five principles
格里菲斯	one of these three matters
闵福德	any one of these points
安乐哲	one of these several points
丹马	one of these four or five
潘嘉玢、刘瑞祥	one of these nine varieties of ground
林戊荪	any of these points
袁士槟	one of these nine varieties of ground
sonshi 网站	any one of these matters

不同的翻译方式恰恰体现出由于原文中的语义空白而产生的理解和阐释空间。需要指出的是,不论该短句如何理解和处理,它都和其后的"一不知/不知一"一起构成了"霸王之兵"的必要不充分条件。也就是说,要成为霸王之兵,则必须先要知悉/掌握《九地篇》中提及的诸多要素("九地"或是"三应知")。显然,"霸王之兵"在《孙子兵法》中并没有被赋予贬义,而是在知悉或掌握某些用兵之要领后,才具备成为"霸王之兵"的资质或必要条件。

在此之后,才是刘桂生重点关注的关于"霸王之兵"的内容,即本节开始处所引的两句。要理解这两句的内容,有几个关键之处:一是"霸王"的概念;二是"是故"的理解;三是几个"其"字的用法;四是争交和养权的具体意义。

5.3.1.2 能指的游戏

在使用过程中,词语的意义并非保持不变,而是在重复中结合新的语境不断地吸收并生成新的意义,有的意义沉淀下来,经过编码,固化成为词语意义的一部分,有的意义则因为不再使用,逐渐成为"死"的用法,被人们所遗忘。这些意义并非就此消亡而是蛰伏起来,成为词语全部意义中被遮掩、被压制的一部分,构成了词语意义的印迹。因此,当我们使用词语时,我们面对的并不是意义明确、完整、无歧义的语义实体,而是本身就已经发生延异的语义场,意义的起源处即是延异。因此,不同的意义解释便有了可能。

字词并不会使意义稳定下来,这是因为,当我们选择表达一种意思的同时,我们也就放弃了另外一层意思。而文本中始终都留有缺口、空隙,读者并不能完全把它们填满。也就是说,文本意义总有一定的开放性,这也为不同读者的不同解读提供了基础。

"霸王"或"王霸"一词在《孙子兵法》全书中仅出现两次,均在《九地篇》内,处于同一段落,并且所在两句彼此相邻。"霸王"在《孙子兵法》成书时就做分开理解,即霸、王,不同于现代对于"霸王"的理解。黄朴民(2008:225)解释霸王为霸主,春秋时期诸侯之伯长之意。李零(1997:114)则根据简本把"霸王"校为"王霸",并对"王霸"在春秋时期的含义进行了解释。"王"是最高统治者的称号;"霸"字本作"伯",二字音近,是"王"治下统治一方的首领,古代又叫"方伯"。当时的"王霸"理想即由"王"和"伯"发展而来。《荀子·王霸》中春秋五霸包括齐桓公、晋文公、楚庄王、吴王阖闾、越王勾践。这其中就包括吴王阖闾,也就是孙子进言献书的那位吴王。而孙子这么做,也是为了帮助吴王成为雄霸一方的伯主。由此看来,《孙子兵法》中的霸王是我国特定历史时期的一种称谓,并不能和现代意义上的霸权直接等同起来。而成为霸主或者伯主也是当时诸侯的一种合理诉求,至少在彼时看来具有正面意义。

在实际翻译中,不同译者对于"霸王"的处理方式如下:

表 5.2　不同译本对《九地篇》中"霸王(王霸)"的翻译处理

译者	译文	备注
翟林奈	a warlike prince	
格里菲斯	a Hegemonic King	
闵福德	a great king	
安乐哲	a king or a hegemon	从简本,按字面直译
丹马	those kings and overlords	
潘嘉玢、刘瑞祥	an invincible army	弱化"王霸"概念
林戊荪	a hegemonic leader	

续表

译者	译文	备注
袁士槟	a hegemonic king	
sonshi 网站	a ruler	

从表 5.2 中可见，在统计的 9 个译本当中，三分之二的译本都采用了具有负面色彩的表述来翻译"霸王"，包括 warlike, hegemon(ic) 和 overlords 等。而闵福德用了 a great king"伟大的君王"，赋予"霸王"以积极意义，潘嘉玢和刘瑞祥用 an invincible army"一支不可战胜的军队"来译"霸王之兵"，弱化了"霸王"概念，sonshi 网站则用了中性的 a ruler"统治者"进行翻译。

可以看出，"霸王"的意义由古至今已经发生了变化，古义今义彼此交织，意义撒播的过程影响人们对其古义的追溯与理解；同时，由于汉英两种语言意指方式的不同，不少译者把"霸王"翻译成了 hegemon 等具有负面意义的词汇，此类跨时空、跨语言处理进一步造成原文词汇的意义演变，更加强化突显"霸王"与"霸权"之间的联系，促成了"霸王"在意义色彩上的转变，进而孙子也就成了"威慑理论的鼻祖"。

在西方，霸权主义一词可以追溯到古希腊，指个别大城邦支配、控制其他城邦。冷战期间，主要指美苏两个超级大国，它们依靠自身实力和所拥有的核武器，把本国主张强加于别国。后来，霸权主义的含义进一步演变，分化为全球霸权主义和地区霸权主义，指某些国家凭借强权，粗暴干涉他国主权和独立，图谋主宰世界（或地区）事务。推行霸权主义的主体发生了变化，大国不一定谋求霸权，而小国也可能有这方面的主张。历时来看，霸权的意义在西方历史中也不断发生变化，在不同历史时期，其内涵意义与外延意义也有不同的表现。

在国际关系理论中，霸权主义指(1)极大的物质不均衡，一国占据优势，且该国(2)拥有充足的军事力量，可以全面击败体系内的任何潜在竞争者，(3)控制着原材料、自然资源、资本和市场，(4)在生产增值产品方面占据竞争优势，(5)形成了反映上述现状且被认可的意识形态，(6)在职能上区别于体系内的其他国家，被其他国家寄予希望提供某些公共产品，如安全或者商业及金融稳定。(Schenoni, 2018：473)

而在葛兰西(Antonio Gramsci)的马克思主义文化霸权理论中,霸权指统治阶级对社会意识形态的控制和领导,从而使自身的观点成为普遍接受的观点。统治者通过霸权从被统治者那里获取对其统治的认可和同意。在权力的外部资源被移除后,权力在塑造自我概念、价值、政治体系以及社会整体人格方面仍具有持久效力(Robinson,2007:22)。这种霸权以主导权来解释更为贴切。

霸权适用于国与国之间的关系,其内在含义包括利用自己的优势地位去霸凌、欺辱其他弱小国家。而主导权则是指:在社会文化方面,占据优势地位的部门、机构、力量去引导或主导其他部门、机构、力量之间的互动关系,从而使形势朝着预期的方面发展,形成一种动态的平衡。两者相比较,它们的行为主体又有所区别。

可见,霸权在不同历史时期、不同领域有着不同的含义。但是,在面对hegemony这个词及其同根词汇时,人们特别是普通读者,首先会联想到的是霸权,即现代国际关系中的霸权概念。霸权的其他释义暂时离场,成了被压制的声音。人们注意不到,霸权概念的内部也有分化,一处的霸权与另一处的有所区别。

通过上述分析我们知道,《九地篇》中的"霸王"在流转的过程中出现了"霸王"和"王霸"两种版本。这是形式上的变体。而在意义方面,"霸王"由古时霸、王分开解释,指称不同内容,再到后来构成一个名词,再到被人突出"霸"的意指,与霸权主义有所关联。"霸王"作为能指,成为各种意义交织、书写再被涂抹的游戏场所。及至翻译时,由于汉英两种语言之间的差异,英语自身的特点,以及简单化、明晰化的翻译共性要求,译者不得不在各种意义选项和处理方法中进行选择。而在翻译之后,由于有的译文中hegemony的出现,语言意义进一步撒播,又反过来影响汉语原文的意思。正是在翻译之中,汉英两种语言意指方式的不同得以凸显。而翻译对于源语文本内容的影响也可窥见一斑。

类似的情况也出现在其他几个字词的理解和翻译上。据刘桂生解释,"争交"是指在周天子召集的盟会上通过竞言来争取别国的支持,"争交"不是"缔交""结交"等人类到了民族国家阶段才有的概念。但是,在刘桂生援引用以支持自己观点的注家中,"不争天下之交"在杜牧那里是"不结邻援",陈皞解释为"结交外援",而王晳则直接用了"结交"二字。可见,即便如刘桂生所言,《孙子兵法》成书时人类尚未步入民族国家阶段,但各(诸侯)国之间的交往或结交却已是既有事实。这种结交虽不是现代意义上的外交,但也具备了外交活动的雏形,只不过名义上各诸侯国还都臣服于周王朝,周王朝是各诸侯国的共主。实际情况是,周王朝其时日渐式微已经是不争的事实,而完成诸侯会盟则是重大的称霸标志。因此,"争交"的场所不一定是周天子召集的盟会。"争交"作为能指,作为结构,具有释义的开放性,可做多种解释。

刘桂生还称,"不养天下之权"指"既不事(侍)奉周天子的权威,也不按照'周礼'的规范,'养护'自己的权力"(刘桂生,2014:216)。也就是说,同一个"养权",既指养周天子的权,又指养护王霸自己的权力,同时包含了两层意思。换言之,由于权力归属对象不明,不同意义同时寄居于"养权"这个能指符号之中,彼此交织。此外,还有译者理解成在别国培植自己的势力,或是养护别国的权力,不一而足。这样,"养权"构成了自身的语义场,因为养权对象不同而同时具有不同的含义。在实际翻译时,这些差异凸显出来,译者不得不做出选择,需要在英语译文中明确养护的是谁的权。

刘桂生根据自己的理解,先后提供了两个版本的参考译文,2016 年译文在 2014 年译文的基础上做了微调整。结合刘氏译文,可以看到,"争交"译作 to ally himself with other states,"养权"则译为 nurture his government(同上:218)。虽然刘桂生不认为"争交"有"缔交""结交"的意思,但 ally 一词传递出意义更强的"结盟"含义。同时,nurture his government 因为英语中的语法关系明确"养"的是王霸的权,从而抹除了刘桂生所理解的"不事(侍)奉周天子的权威"这层意思。从中可以看出,因为翻译因素的介入加之英汉两种语言意指方式的不同,译者对原文的理解并不能准确地反映到译文当中。翻译不同于解释,需要考虑字数方面的限制。也就是说,译者必须在有限的字数内把自己所理解的原文意思在译入语中表达出来。同时,由于明晰化这一翻译共性的存在,译文不能像原文那样语义含混,可以做多种解读的可能性大大削减,也可能像"王霸"的翻译所体现出来的那样,由于语言的转换被赋予新的含义。这些都是翻译的内在结构性矛盾,也是导致译者无法偿还"债务"的原因所在。

在"其"字的解释上,刘桂生为四个其字赋义,称前两个"其"系第三人称代词,指代大国,后两个"其"则系主位指示代词,指霸王。不可否认,"其"在古文中确有上述用法上的分类。但是,具体指代什么内容仍有商榷的余地。需要指出,虽然刘桂生援引一些注家来佐证自己的观点,但存在部分引用的情况。如他引陈皞的注解,"虽有霸王之势,伐大国,则我众不得聚,要在结交外援。若不如此,但以威加于敌,逞己之强,则必败也。"(刘桂生,2014:219)

但实际上,陈皞的上述注解只是针对本节讨论内容的前一句而发,对后一句另有注解,后文还有讨论。刘桂生的关注重点在陈注"若不如此……"一句,旨在佐证自己的观点。即便如此,刘文所引陈注与其理解也有出入。"伐大国,则其众不得聚"一句,陈皞解释成"……我众不得聚"。显然,陈皞认为该句中的"其"指"霸王",而并不像刘桂生理解得那样指"大国"。

针对后一句,陈氏的注解为,"……伸私,威震天下,德光四海,恩沾品物,信及豚鱼,百姓归心,无思不服。故攻城必拔,伐国必隳也"(杨丙安,2012:326)。而在这处注解中,"其"又明显指的是大国。也就是说,在陈氏的注解中,关于"其"字的理解均不同于刘桂生。刘桂生只引了陈皞对前句的注解,而没有引其对后句的注解。其中原因或许出于疏忽,又或许在于其前句注解与刘桂生的解释部分相符,而后句注解中有"故攻城必拔,伐国必隳也"一句,显然与刘桂生的理解相左。

从陈氏注解情况可以看出,后世注家对孙子的注解并不一定只是针对原文进行解释,也有可能是在原文基础上有感而发,阐明自己对相关问题的认识和看法,而这些认识和看法并非完全与原文所表达的意思一致,有时甚至相反。而它们又会被当作原文意思的一部分,有的注解还会衍入原文。

综上所述,由于《九地篇》成篇由来本身存疑,加之关键字词的古义与今解之间存在差异,多种意义并存,有的甚至无法追溯所谓"最初的原义",只留下模糊的印迹,所以整段话具有多种解释的可能性。也正是由于其意义的开放性,才有了刘桂生对其作别样解读的空间基础。但是,这种开放性并不妨碍我们在一定程度上向原文靠拢,对其意义进行梳理。

5.3.2 意义撒播的界限

如前文所述,解构主义认为文字的意义是变动不居的。文字作为符号,是能指嬉戏、意义生发的场所。但是,文字的意义并非不可捉摸。对于文字的理解也不能任意理解,为所欲为。例如:德里达对于 pharmakon 一词的解读也是结合了古代献祭仪式、希腊和埃及神话等来进行的，有其使用的语境，并不是无中生有地对其赋义。人们可以理解符号和文本，在相当程度上是因为前文提及的"经过编码的重复"。一个符号从无到有，在使用中经历了赋义的过程。通过重复，意义得以沉积，相对稳定，可以让人辨识，即形成了人们通常所说的约定俗成的用法和意义。解构主义并非主张意义虚无，而是提醒人们不要把这种"约定俗成"看作天然的、永久的、不可更改的。因为在重复的同时，符号也会结合新的语境生成新的意义。德里达也一直强调，"稳定的结构、传统、惯例以及规则对于理解文本或任何事物十分必要"（Davis，2004：30）。对于本章节讨论的文字，我们可以从其内部的连贯和外部语境角度去探讨其意义和解读。

5.3.2.1 狭义文本的约束

首先，可以看到，刘桂生的解读自动忽略了对后一句句首"是故"意义的讨论，直接将其解释为"但是、如果"，这样做使前后两句之间的逻辑关系变为了转折关系。

从逻辑上讲，"是故不争天下之交……"中的"是故"表明前后内容为因果关系，其中并没有转折意味。刘桂生对于此处的"是故"并没有进行讨论，是刻意回避还是一时疏忽，我们不得而知。但是，不可否认，此处的"是故"对于我们理解该段文字的整体意义不可或缺，可以说，它是理解两句内容的关键所在。"是故"在《孙子兵法》全文中共出现 16 次，其他各处均没有用作表示转折意思的特例，一般都表示因果或者承接关系。蔡英杰把此处"是故"的用法划归为因果连词（蔡英杰，2003：14）。因此，本节讨论的案例中，前后两句间并不存在转折关系。后句是对前句进一步的解释与阐发。

其次，霸王之兵可以伸张意志，威加于敌，然后可拔敌城，可隳敌国。这种理解被绝大多数当代学者和《孙子兵法》研究者（李零，2014；黄朴民，2008；吴九龙，1996；杨丙安，2012；熊剑平、王敏，2018；郭化若，2012 等）所认可和接受。李零更是直接指出这两句讲的是"战略威慑"（李零，2012：309）。

翻译实践也已经做了最好的注脚。众多译者对于这段文字的翻译各有不同，反映出不同译者的不同理解和翻译策略，但对各译文进行分析，包括中国译者的译文在内，各译文万变不离其宗，都没有把讨论的文字看作对霸王的告诫，而是基本上都认为霸王之兵威加于敌,然后可拔敌城,可隳敌国。也就是说,虽然译者们在对一些概念的理解和处理上存在差异,但对这段文字的整体把握上却观点趋同,认为这是霸王之兵实力所至的自然结果和外在体现。这在一定程度上反映了文本理解时的不确定性以及相对确定性。刘桂生的理解和翻译只是孤例。而对于绝大多数译者的选择,刘桂生认为,《十一家注孙子》中出现的理解错误,会同样出现在不同版本的新注及外国学者的注释和翻译中,有时"错误反而扩大化"(刘桂生,2000:128)。

事实上,相关译者在翻译时并非一味按照自己的喜好对原文进行处理,他们也参照了中国学者给出的不同注释,但几经比较权衡,最终做出自己的选择。例如格里菲斯给出的译文是:

Now when a Hegemonic King attacks a powerful state he makes it impossible for the enemy to concentrate. He overawes the enemy and prevents his allies from joining him.

It follows that he does not contend against powerful combinations nor does he foster the power of other states. He relies for the attainment of his aims on his ability to overawe his opponents. And so he can take the enemy's cities and overthrow the enemy's state. (Sun Tzu,1963:138)

格里菲斯注意到了不同注家的注解,并在按照自己的理解对该句进行翻译之后,又翻译了持不同意见的杜牧的注文。同时,他还针对该注文进行了脚注,指出"这也是种讲得通的解释,它也表明各注家的注解常常存在严重差异"(Griffith,1963:139)。这至少说明,相关译者并不是没有注意到刘氏所提到的对《孙子兵法》该段文字的不同理解,而是经斟酌之后认为自己选择的理解方式更加妥当。

在对"不养天下之权"一句的理解上,格里菲斯和大部分译者一样,将其理解为"不去培养他国的权势",这于情于理都解释不通。任何一个国家都不可能无缘由地去培养他国的势力,这并不符合本国的利益。熊剑平将该句解读为"也不必在他国广培势力"(熊剑平,2018:191)。本书作者认为,此解深得其意。在各译本当中,只有林译本按照这种解释翻译为"… foster your own forces within those states"(孙武、孙膑,2004:111)。从整体看,该部分可以理解为,霸王之师的实力已经达到相当的程度,因此不必与他国结交,也不必在他国厚植自己的势力伸张意志,即可实现自己的目的。这样解释才能理顺与上下文之间的关系。当然,不可否认,这种见解也仅为一家之言,对于文本意义的争论还会持续下去。

最后,把"其城可拔,其国可隳"解释成(霸王)自己的城池可被攻占,国家灭亡,这也有可能是后世注家在原文基础上的一种阐发,一种别样解读,具有警示后人的意味。如前文所引陈皞释文即属此种情况。综合陈氏注解,他其实做了不同的情况假设。即纵使霸王之师与大国相比,也处于劣势。此时关键在于结交外援。假设一:不如此就会失败;假设二:而如果能做到广交外援,那么及至"威权在我",就可以"伸私,威震天下",然后"攻城必拔,伐国必隳也"。相较于原文,陈氏注解添加了自己对于该段文字的理解,丰富了其内涵。但是,陈注当中的"结交外援"能否成为霸王得以"信己之私"的关键所在或者充分必要条件,这只是陈氏一家之谈,还值得商榷。不过,这至少从另一个方面说明了原文结构的开放性,具有做不同解读的可能。

5.3.2.2　广义文本的限制

德里达称,"文本之外,别无他物"(Derrida,1997:158)。言下之意,一切皆文本。我们对于世界的认识也是广义书写的产物。接下来,我们结合广义文本讨论相关文字的理解和翻译问题。这里的广义文本一方面指《孙子兵法》的全篇内容;另一方面指其成书时的社会历史背景。

在《谋攻篇》中,有"故善用兵者,屈人之兵而非战也,拔人之城而非攻也,毁人之国而非久也"一句。可以解释为:善于用兵的人,不依靠战争就能使敌人屈服,不用硬攻就能夺取敌人的城邑,不必久战就能击破敌人的国家。其中的"屈人之兵而非战也"与《九地篇》中的"威加于敌"密切相关,"威加于敌"即可"不战而屈人之兵",恰恰体现了孙子的"非战"思想。换句话讲,"威加于敌"正是"屈人之兵"的非战选择。这与《孙子兵法》中的"慎战"以及"速战"思想相得益彰,一脉相承。因此,"威加于敌"对敌产生威慑作用、实现自己的抱负(伸己之私)只是一个方面,更重要的目的是使敌人不敢轻易发动战争,己方通过非战争手段解决问题。这是因为孙子知道,战争的代价实在太大了,而旷日持久的战争所带来的危害尤其严重,所以要力争避免。

在《谋攻篇》中,"屈人之兵""拔人之城""毁人之国"之间是一种并列关系。因此,参照《谋攻篇》的这一表述,《九地篇》中的"威加于敌"和其后的"拔城隳国"自然也应理解为顺承关系。

再从时代背景看,如果《史记》中关于孙子的记载属实,那么对于孙武而言,向吴王进书的目的就是为了帮助吴国壮大,在春秋末期诸侯乱世中成为一方霸主,并以此证明自己兵法的效用。因此,"霸王之师"在孙武那里并非什么具有负面色彩的概念,把吴国军队训练成一支霸王之师是他的理想与抱负。而不争天下之交、不养天下之权,伸张意志,威加于敌,然后拔城隳国,则是霸王之师雄厚实力的一种象征,也是孙武打造军队的努力方向。

通过对相关文字内容及其语境的分析,我们有理由相信,这段文字后半部分可以且应该理解为:霸王之兵实力所至,可以信己之私,伸张意志,威加于敌,实现拔人城池、毁人国都的目标。译文也可依此进行处理。问题在于,这样的理解和翻译是否会招致不必要的麻烦,比如:使孙子成为威慑理论的鼻祖,或让中国形象贴上负面标签?

5.3.3 翻译中的撒播之辨

可以看到,相关文字确有"霸王之兵""威加于敌"这样的表述。那么,在文化交流的背景下,我们应该如何看待《孙子兵法》与威慑理论以及霸权主义的联系,又应如何看待《孙子兵法》相关的翻译问题呢?

一方面,对于存在的情况,我们应该不回避,直接面对。不可否认,从某种角度讲,"不战而屈人之兵""威加于敌"可以被视作一种形式的威慑,是通过非战的手段来实现己方的目标。但是,它们与核战争背景下的威慑理论并不相同。二者产生的时代背景不同,本质上也有区别。孙子的"威慑理论"强调"不战而屈人之兵",以"伐谋"为上,"伐交"其次,"伐兵"为下,"攻城"是最后的选择。"不战"与"慎战"是《孙子兵法》的优先选择,因为战争会带来诸多问题。《孙子兵法》提出"信己之私,威加于敌",但并没有深入展开论述,这种表述充其量只能说是威慑的一种雏形,并不成体系。孙子"威慑理论"的基础是冷兵器时代一国可以取得霸王地位的实力。核威慑理论也是时代的产物,现代意义上的威慑理论与核武器的诞生和运用密切相关,是冷战期间在核武器出现的情况下逐渐发展起来的,背景是以美苏为代表的两大集团的对峙。有核时代的威慑理论更为复杂,其内涵也经历了一系列变化。核威慑理论最初是确保拥核国家(指美、苏)具备相互摧毁的核打击能力,迫使对方不敢轻易发动核战争。最早提出核威慑理论的美国专家伯纳德·布罗迪等(2005)在其专著《绝对武器》中也没有明确提及孙子的威慑思想。只能说,孙子在2000多年前的思想恰好与现代核威慑理论存在暗合之处,但如果因此称孙子是威慑理论的鼻祖则未免过于牵强。

英国军事专家利德尔·哈特(Liddell Hart)认为,"《孙子兵法》的军事思想为研究核时代的战争提供了有益的帮助"(褚良才,2002:172;刘桂生,2014:215)。该观点曾被用来佐证"《孙子兵法》是威慑理论的鼻祖"(褚良才,2002:172)。哈特是否有过此类论述还有待查证。即便有,哈特的本意或出发点是为了给孙武赠送一顶霸权主义创始人的帽子吗?根据我们掌握的资料,真实情况又是如何呢?

在给格里菲斯译本的序中,哈特对孙子思想盛赞有加,称克劳塞维茨的总体战军事思想在第一次世界大战前的欧洲已经深深扎根,而如果有孙子思想进行调节、均衡的话,那么在两次世界大战中"世界文明可能就会免遭很大破坏"(Sun Tzu,1963:v)。很明显,哈特对《孙子兵法》中蕴含的军事思想持积极的评价态度。他进而在此基础上提出,要对《孙子兵法》重新进行更完整的翻译,即能够恰当地阐释孙子思想的翻译,这种需求已经存在很长时间了,"特别是随着核武器的研发,该需求不断增强"(Sun Tzu,1963:vi)。哈特这一表述一方面是为了说明格里菲斯译本恰逢其时,另一方面也表明,在哈特眼中,《孙子兵法》并不像褚、刘两位学者所引述的那样,有助于研究核时代的战争。其重要意义在于,揭示在核武器不断研发、可能爆发核战争的背景下各国应采取的方略和共处之道,目的在于如何避免核战争。至少,前文所提的"有益帮助"并不是指导当今世界各国如何去打核战争或者去搞核威慑。哈特在序中还提到,《孙子兵法》虽然短,但其思想却可以比肩哈特本人20多部著作中的战略战术之精髓(Sun Tzu,1963:vii)。哈特对于孙子思想如此推崇,看重的恰恰是孙子的军事思想不会像克劳塞维茨那样过于极端,不会一味强调以彻底歼灭敌人为目的。在哈特看来,孙子思想是对克氏的军事思想的一种反拨,象征着适度和节制。因此,在哈特眼中,孙子不会成为指导核战争的精神先驱,更谈不上什么威慑理论的鼻祖。

需要指出,孙子的军事思想内容丰富,呈现出多元性,也确实得到越来越多的关注。褚良才(2002:157-169)对《孙子兵法》的战略战术思想进行了梳理归纳。在战略层面,孙子思想体现为重战、慎战思想(兵者,国之大事)和全胜思想(不战而屈人之兵);在战术层面,孙子思想可分为:①兵者,诡道也;②知己知彼,百战不殆;③致人而不致于人;④兵贵胜,不贵久。他同时还指出,美国的现行战略在很大程度上注入了孙子战略观中"不战"的成分(同上:170)。在核武器足以影响全体人类命运的今天,任何国家都不可能独善其身,无论哪个国家都承受不了核战争带来的惨痛代价。在此背景下,相较于威慑思想,《孙子兵法》中的慎战、重战思想对于世界各国显然更具有正面的、积极的借鉴意义。

原总参军训和兵种部推出的《孙子兵法军官读本》(2005:9)中指出,"美国人也毫不讳言地承认,自海湾战争以来他们所进行的历次战争的作战理论和战略战术,包括伊拉克战争中运用的'震慑'理论或'快速决定性作战'理论,以及斩首、攻心、精确闪击等一系列战法,都汲取了孙子的智慧。"这段论述也从侧面证明以美国为代表的西方国家对于孙子思想的倚重,也间接承认了威慑理论与孙子思想之间的某种关联,但也仅是关联而已,绝不能视作等同。

时至今日,拥核国家数量增多,涉核局势也更复杂,仍有学者强调《孙子兵法》在核问题上的积极作用。普渡大学政治学荣誉教授路易斯·R.贝雷斯(Louis R. Beres)曾撰文称,美国时任总统特朗普及其幕僚在处理核问题特别是朝核问题时应该借鉴《孙子兵法》的思想内容,主张美国政府权衡各方实力,在做好充分的军事准备的前提下,战略上强调综合利用实力(权)和外交(交),战术上则以奇正结合为要,从而实现"不战而屈人之兵"的目的。"孙子首倡的那些战略假设可供当前的美国核战略制订者们做有益的参考"(Beres, 2018)。贝雷斯文中还提醒特朗普及其幕僚多向孙子学习为君和为将之道。可见,时至今日,学者们对《孙子兵法》的关注点是多元的、多层次的,而并非把它当作威慑理论的源头。

退一步讲,即便《孙子兵法》被理解成威慑理论的源头,也不能顺理成章地推断中国为好战之国,并据此鼓吹所谓的中国"威胁"论。恰恰相反,在《孙子兵法》中,"重战""慎战""不战"才是最为重要的思想。如果西方世界选择性地只关注《孙子兵法》中所谓的"威慑理论",那只能说明它们仍然戴着有色眼镜来看待中国。真若如此,恐怕无论如何逢迎,也无法规避其无端指责。党的二十大报告指出:中国坚定奉行独立自主的和平外交政策,坚决反对一切形式的霸权主义和强权政治,反对冷战思维,反对干涉别国内政,永远不称霸也是我国做出的郑重承诺。

2019年7月,中国发布《新时代的中国国防》白皮书。白皮书中明确指出,"坚持永不称霸、永不扩张、永不谋求势力范围,这是新时代中国国防的鲜明特征"。"中国决不走追逐霸权、'国强必霸'的老路"。①

又或者说,《孙子兵法》有着丰富的思想内涵,但它毕竟是时代的产物,有其自身的时代局限性。其思想具有多面性和多样性。按照今天的标准来衡量,不是所有内容都是"正确的"。例如:《九地篇》中还讲"能愚士卒之耳目,使之无知",这种愚兵思想就不可取。但换个角度看,"愚兵"可以解释为对军事行动的保密,又存在一定程度的合理性。因此,不能用其中某一种思想来以偏概全地替代孙子思想的全貌,使得孙子思想符号化、标签化。另外,有些内容也随着时代变迁而被赋予了不同的内涵。

综合上述分析,本书作者认为,《孙子兵法》中的威慑思想与现代核威慑理论之间没有必然的关联,即便相关文字按照主流观点进行理解和翻译,也不能因此就称呼孙子为威慑理论的鼻祖。同时,不可否认,《孙子兵法》被越来越广泛地运用于包括军事领域在内的社会生活各个方面。因此,没有必要为了给《孙子兵法》正名,而在相关文字的理解和翻译上做文章,另辟蹊径地进行一番新解。

《孙子兵法》作为中国古代兵学代表著作,是古人对于战争的认识、总结,也在一定程度上反映了当时的战争规律,具有一定的普遍性和适用性。虽然时代变迁,但一些基本的战争规律并没有变。因此,《孙子兵法》也可能与后人对战争的认识遥相呼应,后人也能从中得到启发。不可否认,《孙子兵法》日益得到西方国家各界人士的重视和引用。但是,《孙子兵法》与核背景下的现代威慑理论的诞生并不直接相关,二者间的联系只是国人的一厢情愿,是人为构筑起来的又一个神话。

因此,对于以《孙子兵法》为代表的中国文化典籍的对外传播,一方面,既没有

---

① 《新时代的中国国防》白皮书,中华人民共和国国务院新闻办公室,http://www.mod.gov.cn/topnews/2019-07/24/content_4846387_2.htm,2019-07-27。

必要凡事都争个优先、首创,也没有必要制造出"美国是靠《孙子兵法》打胜仗"(李零,2012:33)这样的神话,以免为自己"争取到"一些不该有的头衔,带来不必要的指摘;另一方面,也没必要对典籍当中存在的一些所谓"负面"的内容遮遮掩掩,予以否认。毕竟,对于古人受历史条件限制而做出的言论,没有必要不遗余力地纳入当今的话语语境,使之符合当今的或者西方的价值观念,那是强古人之所难,强行开展不在同一频道内的古今对话。明明存在的东西偏要"指鹿为马",这同样会失信于人,引起不必要的误解和猜忌。翻译只是沟通的路径和开始,沟通也并不止步于翻译。

5.4 本章小结

本章分析了《孙子兵法》的成书和文本特点以及在此基础上的翻译,同时以《孙子兵法·九地篇》中一段文字的翻译为案例,研究其理解、翻译、传播以至误读过程,并对其背后原因进行了分析。从中可以看到,文本意义并非自书写完成时就保持不变了。古文本英译往往经历语内翻译即注解和语际翻译两个过程。不论在哪个过程中,人们对其理解和阐释或多或少会有所出入,也可能存在巨大分歧。这个过程表明,字词的意思会随着时间的流逝而发生变化,旧的意义沉淀下来,形成印迹,新的意义生成,古义和新义此消彼长,相互交织。相关文本中的"霸王/王霸""争交""养权"等概念就是如此,而"其"更是保留了两种用法。字词作为符号,成为能指相互指涉的意义场,并因此影响了译者对于整段文字意义的理解和翻译。文本经历翻译,以译语文字的多义、歧义替换了源语文字的多义、歧义,加剧了文本意义的撒播。诚如德里达所言:"我们永远不会,事实上也从来未曾把纯粹所指从一种语言向另一种语言或在同一语言内进行'搬运',同时使其不受意指工具的沾染"(Derrida,1981:20)。这句话告诉我们,不论是语内阐释还是语际翻译,表达方式变化,所指意义也会发生变化。译语中 hegemony 的现代意义取代了《孙子兵法》原文中的王霸古义,影响了译文读者乃至中国研究学者对于孙子本意的理解和把握。

为扭转这一趋势,刘桂生教授对该段文字做了重新解读,同一段文字从而营造出不同意象,生成了截然相反的意义,这进一步说明《孙子兵法》文本结构的开放性,意义只是能指游戏的效果。在这一点上,解构主义理论具有较强的解释力,也招致了人们对其"强调意义虚无"的诟病。

事实上,如本章所述,解构主义也有其约束机制,抓住了关键字词的理解,再结合相关语境,配合约定俗成的语言规律,文字的整体意义又是基本可以把握的,具有临时的稳定性。因此,我们看到,该段文字的英译文彼此互异,各有出入,但在整体内容的理解和呈现上却万变不离其宗。各译文以自己的方式对原文进行阐释,在与彼此的对话中,暴露分歧,弥补空白,呈现原文意义的可能性。

同时,翻译呈现出汉、英两种语言意指方式的差异,译文也会敦促译文读者结合语境反思英语中原有表述,比如 a hegemonic king 的具体所指,在差异性对话中形成对 hegemonic 以及 hegemony 新的认识,从而丰富相关表述的意义,留下新的印迹,反过来促进英语的发展。

中华文明源远流长,而典籍作为中华文明的历史智慧结晶,其外译工作对于中华文明的传播,对于让世界了解当代中国的历史思想渊源,促进中外理解交流至关重要。译作成为国外读者认识、了解中国的窗口,其重要性不言而喻。典籍外译的目的在于向外国读者介绍中国传统文化,借此帮助其更好地认识和理解当下中国,促进中外之间的文化交流。中国古代典籍言简意丰,文本极具开放性,留下了充分的解读空间。加之年代久远,在流传过程中字词以及文本历经不同注解、阐释,意义累积沉淀,已经有了不同解释,译成外语更会进一步衍生差异,不同译文继而又会呈现出不同的原文形象和中国意象。同时,由于译者所处的时代不同,出发点也不同,完成的译作有其自身的局限性,这一点在所难免,对此我们要有清醒的认识。一部《孙子兵法》,时至今日已有数十个英译本,并且仍然有新的英译本不断问世,如同一座富矿,吸引着不同译者去发掘其背后的深意。随着交流的深入、认识的加深,西方读者对于译文也会不断提出更高的要求,而译者也可以在借鉴前期译作以及新的研究成果的基础上,对《孙子兵法》形成新的认识和理解,给出新的译文。对此,我们要有足够的耐心。

第6章

替补:《孙子兵法》英译的副文本

热拉尔·热奈特(Gérard Genette)于20世纪70年代提出了"副文本"(paratext)概念。1987年,热奈特的专著《门槛》(*Seuils*)出版,专门系统论述副文本。1997年,其英文版《副文本:阐释的门槛》(*Paratexts: Thresholds of Interpretation*)出版。该书法文版书名一方面致敬其长期合作的出版商——瑟伊出版社(Les Editions du Seuil),另一方面其字面意义也间接表明了副文本的性质:它介于书籍的内外之间,是联结内外的介质,也是"文本之所以成为书籍的要素"(Genette,1997:1)。它不同于书籍正文文本本身,却又是后者的有益补充。副文本(paratext)的前缀para还可以译为"准""类"等。米勒(J. H. Miller)称,"'para'是个双重对立的前缀,既表示接近又表示距离,既表示相似又表示不同,既表示内部(内在性)又表示外部(外在性),……它既是分界线、门槛、边缘,同时又自行超越"(Miller,1979:219)。

副文本只是一个松散的集合名词,包括的内容很多。除书籍正文文本以外,所有与书籍直接或间接相关的内容都可以归为副文本。副文本按空间位置可以分为内部副文本(peritext)和外部副文本(epitext)两类(Genette,1997:5)。就《孙子兵法》英译本而言,内部副文本包括标题、封面、序言、导论、插图、注释等;外部副文本则包括访谈、译者笔记、通信等。

副文本与正文本不能简单地以数量多少而定。德里达翻译胡塞尔的《几何学的起源》,正文只有40页,而德里达做的导论却有170页之多。《孙子兵法》有的译本,虽然书名上没有太大区别,基本上都为 *The Art of War*。译本封面大都以醒目字体标明《孙子兵法》,以小号字体标注由谁翻译及评注。由封面看,是译本,但是副文本内容却要丰富得多,除了序言、导论,还有相关研究论文,在体量上远远超出了译本的正文本,即《孙子兵法》的译文部分。如丹马译本,全书共分为三部分,计250页。但是第一部分译文只有61页,占全书不到四分之一。第二部分论文和第三部分的注解占去了全书大部分内容。名为译本,但实际远不止于译本。

同样，副文本也有可能取得比正文本更大的名声。本雅明翻译波德莱尔的诗集《巴黎风貌》，所作的序《译者的任务》却成了解构主义翻译观的发轫之作。韦努蒂翻译德里达的文章，同样也以一篇译序为自己赢得了声誉。1976年，斯皮瓦克（Gayatri C. Spivak）在翻译德里达的《论文字学》后，写了一篇近80页的导论，这篇导论成了德里达在美国接受史的一部分。在中国，严复译《天演论》，其《译例言》中提出"信达雅"，这译事三难的翻译原则被奉为圭臬，时至今日，仍不失其价值。

在译本译文与副文本这一组二元对立中，人们往往认为译文占据着主导地位，是第一位的、主要的、显著的，而副文本是第二位的、次要的、衍生的。但从前文看，副文本名为副，实则暗藏乾坤，蕴藏着丰富的信息。

副文本构成对正文本的替补。替补包含两层意思：补充与替换。德里达在《论文字学》的后半部分对卢梭作品进行了考察阅读，指出了替补的逻辑。德里达的研究发现，书写增强言语，并不是说言语已经是完全在场并且自足的事物，而书写仅仅作为"多余之物"附加其上，实际上，书写是作为重要的增加之物，弥补了言语自身的某些不足。这样，书写就并非可有可无的附属物，而是成为不可或缺的替补，没有它，言语就不能成形。在德里达对卢梭的解读中，替补自行增加于看似理想或原始性的在场，却暴露后者起源处的匮乏以及自我差异。同理，翻译中副文本对译文的补充也就意味着译文自身的不完整或者缺失。

同时，替补除了补充之外还有替换之义。"它介入或潜入替代性（à-la-place-de）；它在进行填补时仿佛在填补真空。它通过在场的原有欠缺进行描述和临摹"（德里达，1999：209）。翻译中副文本在丰富译文意义的同时，往往还生成一些原本没有的意义效果，因此使译本呈现出不同的特色。

本章以《孙子兵法》各译本中的副文本为研究对象，解构译文与副文本之间主次关系，重点研究副文本的反向作用，分析其对《孙子兵法》译文、原文乃至源语文化形象塑造所发挥的作用和产生的影响，以及在此基础上形成的译本多样化。

6.1 《孙子兵法》译本的视觉意象

本节主要以各译本的封面设计以及书内插图为研究对象，从多模态主要是视觉角度研究各译本制作者如何通过对这些副文本内容的控制来实现《孙子兵法》的形象塑造。译本制作者指与"译本制作"或"译本生产"发生联系的所有的相关个人和集体(葛校琴,2015:100)。

如前文所述,翟林奈在其1910年译本中对卡尔斯罗普译本大加批评,在译本评注中也时常可以看到翟林奈指出卡尔斯罗普译本中的纰漏,而对比二人译本封面,也可以看出两个译本间千丝万缕的联系。翟林奈1910年译本与卡尔斯罗普1905年译本在设计上有极大的相似性。两个译本封面均采用由上至下的设计,信息依次为:《孙子兵法》汉语名称、英译书名、注释信息、译者信息、分隔符号、出版信息。二者在信息的排列分布上基本相仿,但同时也呈现出一定程度的不同。首先,在汉语书名的排版上,卡氏译本"孙子"二字呈竖版居中排版,而翟译本"孙子兵法"四字则从右至左横向排版,二者排版方向不同,但都体现出当时汉语书籍由上至下、由右至左的排版顺序。其次,如前所述,1905年卡氏译本是从日文译入,因而英译书名带有日语发音的痕迹,主标题中的SONSHI时时提醒人们《孙子兵法》绕道日本的历史轨迹。再次,由书籍副标题看,翟译本称《孙子兵法》为"世界上最古老的兵法",显然比卡氏译本"中国兵学典籍"的定位要高,这也与翟林奈在导论中所称孙子堪比拉丁、希腊典籍的认识高度吻合,赋予《孙子兵法》极其重要的历史地位。最后,在译者信息方面,翟林奈先是明确自己的译本是由中文翻译而来,区别于卡氏1905年译本的日语原本,从而增强自己译本的可信度和权威性,后又说明除了翻译之外,该译本还添加了导论以及重要注释,这些也是翟译本强于卡氏译本的特点。通过对比可以得知,翟译本以卡氏译本为参照,信息更加充分、完整,在众多方面突显自己译本的优势,这些也可以从翟译本对卡氏译本的诸多指摘中得到印证。

表6.1 卡尔斯罗普译本(1905)与翟林奈译本(1910)封面信息对比

封面信息	卡尔斯罗普1905年译本	翟林奈1910年译本
汉语书名	《孙子》	《孙子兵法》
英译书名	SONSHI	Sun Tzŭ on the ART OF WAR
书籍注释信息 (副标题)	THE CHINESE MILITARY CLASSIC	THE OLDEST MILITARY TREATISE IN THE WORLD

续表

封面信息	卡尔斯罗普 1905 年译本	翟林奈 1910 年译本
译者信息	TRANSLATED BY CAPT. E. F. CALTHROP. R. F. A.	TRANSLATED FROM THE CHINESE WITH INTRODUCTION AND CRITICAL NOTES BY LIONEL GILES, M. A. Assistant in the Department of Oriental Printed Books & MSS. in the British Museum.
分隔符号	分隔符号	分隔符号
出版信息	TOKYO： SANSEIDO. ／	LONDON LUZAC & CO. 1910

两个译本的封面版式高度相近,体现出二者之间的密切联系。辅之以翟译本后面的导论,我们可以清晰看到翟林奈以卡氏译本为参照,意欲实现对其超越的竞争心态,而这些也是单独从翟译本译文中难以发掘的,形成了翟译本独有的特色。也难怪后人如格里菲斯感慨称,翟氏对卡氏译本的指摘过多,使自己译本减分不少。

除了像翟译本这样,以特定译本为参照,通过对比突显自己特色的个例外,其他译本的封面和插图也各有特点。

企鹅出版社曾分别于 2008 年和 2009 年发行过两个版本的闵福德《孙子兵法》译本(2008,2009)。其中,两个译本对于兵法原文的翻译相同,都基于闵福德 2002 年的译文,但 2008 年译本仅包括《孙子兵法》译文,下称单译本;2009 年译本除兵法译文以外,还包括导论、原文注解、建议拓展阅读书目、中国注家简介、历史年表等内容,并在兵法译文之后,又附加了一部分内容。该部分内容系兵法注解的译文,其中还有闵福德本人对于《孙子兵法》的相关评论。我们把该译本称为综合译本。

闵福德单译本的封面设计较为简洁。封面整体以白色为底,采用红色窄边为框。封面文字采用居中版式。最上方用较小字体指明该书是"全世界最具影响力的战略书籍"。其下,占据页面中心主要位置的是书名"SUN-TZU THE ART OF WAR",其中,SUN-TZU 为黑色,THE ART OF WAR 为灰色,二者对比,作者名字更为突出。书名整体采用纵向排版,除第五行外,每行一词,各三个字母,第五行中的 OF 两个字母中间插入一枚红色方形印章,印章与两侧字母等宽等高,为阴文方印,印章内容为汉字的"孙子兵法",极具中国特色。这样,六行文字整齐划一,恰恰呼应了闵福德译文简洁、注重行文排版的特点。同时,通过版式来反映原文多对仗、多排比的句式特点也是闵福德译本的一大特色。

图 6.1　闵福德 2008 年单译本封面

闵福德综合译本以秦兵马俑图片为封面图片,一个秦俑在前,占据中心主体位置,其后秦俑渐次模糊于黑色背景当中。背景的肃穆、人影的渐逝也衬托出战事肃杀的氛围。其用意较为明显,兵马俑折射出古代兵士形象,与战争相关,而《孙子兵法》又是兵学经典,将兵马俑和《孙子兵法》这两个著名的中国传统形象名片放在一起,无疑可以起到倍增的效果。从国外读者角度来说,他们对此大概也会表示认同,因为它们都与中国古代战事相关,而对于图片形象和文本内容孰先孰后、时间上是否吻合这样的具体细节不会细究。但是，两者并置又会无形中给国外读者造成一种时空上的错觉，将它们粘接在一起，让人认为它们是相同时期的产物。事实上，兵马俑为秦时文物，而《孙子兵法》则产生于春秋末期至战国中期，在时间上要早于前者，因此，两者又不完全等同，不能画上等号，此举略有误导译文读者之嫌。这也表明了出版商和译者对原作的一种态度，对原作意义上的一种生发。

此外，该译本封面文字也极为简单。在图片下方有企鹅经典标志字样，中间为企鹅图书的图案标记。其下有两行文字，分别为 SUN-TZU 和 *The Art of War*。其中，SUN-TZU 为橙色，色彩较为突出醒目。

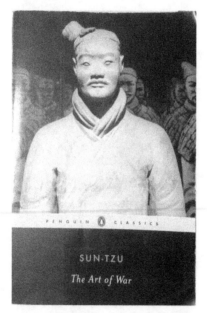

图 6.2　闵福德 2009 年综合译本封面

需要指出的是，闵福德两个译本的封面都没有出现译者的名字，这在一定程度上反映出译者的"隐身和缺席"，但另一方面也意味着出版方有意借此凸显译本的权威性，造成一种意象，即书中所言均为《孙子兵法》的原意，没有受到翻译的"玷污"。或者说，翻译就像一层透明玻璃，隔着这层玻璃并不影响译文读者对《孙子兵法》的阅读体验。从某种意义上说，译文读者读到的就是《孙子兵法》的"原文"。

牛津大学出版社 1971 年出版的格里菲斯译本封面设计也较有特色。其封面底色为黑色,中央位置是一个被切分成几部分的红色圆形,看上去像是血色残阳,容易使人联想起战争的残酷、血腥,以及战后的萧瑟景象。文字部分从上而下分别为原文作者、书名、译者及导论作者格里菲斯,以及作序者、英国著名军事理论家和战略家利德尔·哈特(Liddell Hart),文字均为白色,与黑色底色形成明显对比反差。其中,原文作者和书名在中心图案以上,书名(THT ART OF WAR)字号最大,最为醒目,原文作者其次,译者格里菲斯再次,哈特名字列于页面底端,字号最小。通过字号的大小对比,体现出译者及出版商对于原作者的尊重,也兼顾了译者的主体地位。同时,能够争取到哈特为该译本作序也是一种权威认可和市场加持,因此哈特以作序者的身份出现于封面也在情理之中。

图6.3　格里菲斯译本封面

此外,格里菲斯译本内附插图《孙子训吴王姬妾图》(*Sun Tzu Drilling the Concubines of King Ho-lü*),图片来源于《日本季刊》,格里菲斯在致谢中有所说明。图中孙子人物形象类似于日本武士,而吴王姬妾则像日本歌姬,又有唐朝仕女之风。这一形象错置不但穿越了时空,而且跨越了国境,造成一种意象杂糅的效果。

图 6.4 格里菲斯译本插图《孙子训吴王姬妾图》

2003 年,克里瑞将自己先前翻译的《孙子兵法》《孙膑兵法》、银雀山简本《孙子兵法》等合为一册,由 Shambhala 出版社出版。该译本封面用的是一张唐代甲士彩俑的图片。俑身保存完整,但色彩有所剥落,彰显一种历史的沧桑感。同时,内附图片为《南宋陈容九龙图》的局部图,该画现藏于美国波士顿美术馆①。龙是中华民族的图腾符号,而龙在西方文化里又带有好斗、邪恶的刻板色彩,克里瑞译本选用该图置于书内,其用意不言而喻。

---

① 《南宋陈容九龙图》,百度百科,https://baike.baidu.com/item/%E5%8D%97%E5%AE%8B%E9%99%88%E5%AE%B9%E4%B9%9D%E9%BE%99%E5%9B%BE/4942595?fr=aladdin,2019-03-05。

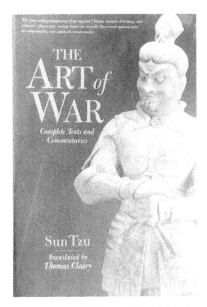

图 6.5　克里瑞 2003 年译本封面

图 6.6　克里瑞 2003 年译本内插图《南宋陈容九龙图》(局部)

从以上分析可以看出,封面和插图作为译本副文本的组成部分,作用不可小觑。它们能营造一种视觉观感,在潜移默化中把译本制作者的意图传递给译文读者。其作用包括但不限于以下几种:①突出译本特色,如翟译本就通过与卡氏译本采用类似的封面设计而突显自己的优势,而闵福德单译本则通过封面排版显示自己译文简洁、重格式的特点;②制造译者的隐身效果,提高译本的权威性;③按照译本制作者的理解,营造《孙子兵法》以及中国的意象。如上述译本中对于图片内容的选择,秦俑、唐俑、龙、日本武士、歌姬形象等,它们一方面可能受选材来源范围的限制,并不能精准地与《孙子兵法》所在的时代和历史背景相吻合和对接,另一方面又或多或少地带有一些中国元素,与军事、兵法有些关联,从而会制造出一种假象,使得这些图片符号所暗含的意义与《孙子兵法》关联起来,给译文读者带来一种先入为主的印象,并带着这种印象展开序言、导论和译文的阅读和理解。

上述版式和图片各有侧重,以各自不同的方式替补译文,在增益译文的中国色彩的同时,往往又对相关意象进行置换,形成不同的译本特色,也使得译本样貌更加丰富。

6.2 副文本中的《孙子兵法》"形变"

翻译副文本可以被视作"针对翻译的元话语"(Tahir-Gürçaǧlar,2002:58),有助于把握塑造影响翻译的社会-文化要素,而译本的前言或序言作为译者干预的主阵地,在这方面的作用尤为突出。

译者在副文本中往往和读者交流、分享自己对于《孙子兵法》原文的认知,在一定程度上是希望读者对译文有一定的预期,并且带着这样的视角去阅读译文。但往往译者介绍的内容是自己对于该书的认识和理解。不少译本为了突出与之前译本的不同,而在前言或绪论中发表惊人言论。

译者对于《孙子兵法》的"真正意义"加以控制。所谓"真正意义",只是译者本人解读的结果,但这种解读容易影响到译文读者。译文读者带着先入为主的心理预期去阅读译文,一方面需要自己对原文有所判断,另一方面也易于怀着印证的心态去阅读。有不少译者就在副文本中提出,《孙子兵法》并不是由一人所完成的,并且对于孙子(孙武)的身份都提出质疑。还有译者在序言或前言当中只讨论原作或作者,而不讨论翻译问题,这种做法暗示着以下假设:一方面,表示"如何翻译似乎已经有约定俗成的规范和策略",这些规范和策略已经被译者内化并成为他们的翻译习惯(张玲,2013:78)。如果翻译已经成了"理所当然"的事情,也就没有了讨论的必要,翻译只需要按照既有的一套"通用"规则进行即可。另一方面,弱化译本的译文身份,给译文读者造成一种"阅读原文"的假象,即译文与原文之间没有什么隔阂、误解、误读,译文如实地反映原文,不打折扣地把原文呈现在译文读者面前。

《孙子兵法》英语译作所折射出来的是译者在潜意识中对中国传统以及现状的认识和看法,其中不乏偏见,但是也有从不同视角对于中国文化的新的认识。翻译是一种有立场的行为活动,具有一定的政治性。译者和译作从来都不是中立的,语言也不仅仅是浇注了意义的容器。原文的开放性以及意义解读的可能性为不同译者在翻译中做出不同选择提供了空间。

本节主要以《孙子兵法》闵福德和克里瑞两个译本的前言内容为分析对象,着重研究作为译本文内副文本的前言对于"孙子"意象的塑造。

6.2.1 闵福德译本中的"诡"

从闵福德接受 sonshi 网站的访谈以及其个人网站的信息介绍可以得知,闵福德有哲学的学习和研究背景,从事翻译最开始翻译的也是哲学文本,如《道德经》《庄子》等,而大多翻译的还是文学作品,主要是古代和现代的小说以及诗歌,如与霍克斯合译《红楼梦》,自己翻译金庸的《鹿鼎记》以及蒲松龄的《聊斋志异》等。这些教育和翻译经历对他翻译《孙子兵法》有较大影响。在对《孙子兵法》的认识上,闵福德本人从哲学视角出发,较为看重《孙子兵法》中的道家思想成分,但同时对技这一层面上的诡、诈十分排斥。

在对文本的翻译处理上,闵福德十分注重译文的节奏和韵律,能反映出其长期从事诗歌翻译的影响。闵福德本人称,在翻译时,他极力捕捉《孙子兵法》的文学特色。在译文中反映原文警句式、有时近乎诗歌的、半押韵的特点。仔细斟酌语言,认真选词,思考如何押韵以及对内容进行释译。其译本的排版版式也尽可能地反映中文的结构。

例 6.1:孙子曰:兵者,国之大事,死生之地,存亡之道,不可不察也。(《始计篇》)

Master Sun said:

War is

a grave affair of state;

It is a place

of life and death,

a road

to survival and extinction,

a matter

to be pondered carefully.

在该例中,原文"死生之地,存亡之道"的处理,除按英语语法要求增补汉语中略去的主系结构外,译文做到了结构上的对比。而且,这种版式安排减少了读者的阅读努力,增强了阅读体验,使译文的特点一目了然。这也是闵福德认为自己区别于其他译者的一个特色,"保留了原作的形式特点"(Sun-Tzu,2009:xxxvii)。闵福德更注重词的对应,不过多地阐释词的含义,而是让译语语言词汇向原文靠拢。其结果就是译文简洁,有利于再现原文的行文风格。读者也较易发觉译文中的词语与其本来在译入语中的常见用法有所出入,如词性的转用 the weak/ the strong 等,更多是从译文行文风格方面考虑。

闵福德在译本注解中指出,其译本针对的是普通读者,即非专业人士,所以除了对文本理解非常必要,一般不给出原文具体细节内容。其译本正文部分分为两部分:第一部分为《孙子兵法》十三篇的原文翻译,第二部分在此基础上并入传统注家注释文本的英译以及译者对于原文的理解和援引的例证。这种安排还是为了考虑目标读者的阅读体验,使他们初次阅读时不用频繁地去查阅脚注、评论,提升其阅读的流畅度;也使读者在阅读过程中发现译文的不寻常之处。而第二部分可被视作译本的进阶阅读。也就是说,读者在完成第一部分阅读之后,如有不解,再次阅读时可以带着问题参照相关注解,从而加深对于译文文本的理解。

从上述分析可以看出,由于拥有长期从事文学翻译的经历,闵福德可以深刻领会《孙子兵法》原作的行文特点,并在译文中力求借助各种手段予以体现。但同时,从其译本的副文本中我们又可以发现其他不一样的信息。

闵福德在其译作导论中对《孙子兵法》进行了介绍和解读。导论开篇就援引"兵者,诡道也"一句,定下了该篇导论的论调,后续内容也是围绕这一观点而展开的。导论共分为五个部分,分别为:一、诡计,流行文化;二、孙子及其时代;三、孙子兵法;生活手册;四、诡诈之道,权宜之法;五、阅读《孙子兵法》的艺术。闵福德在导论中对原文意旨的解释,着重突出了一点:诡道。导论的第一部分以《三国演义》中空城计的故事引入。其中,诸葛亮这位卧龙先生成了"the Sleeping Dragon",使人联想起旧时中国被喻指为"沉睡的巨龙"。而诸葛亮在空城计中所倡导的就是通过巧妙地制造假象、欺骗以及虚张声势等手段来战胜数量上占优的敌人。在闵福德看来,《三国演义》"对孙子见解进行了详细阐述"(Sun-Tzu,2009:xii)。那么,空城计也就自然成为诡道的具体表现。

通过闵福德的联系与解释,诡道也不再仅限于军事领域,"诡道"意味着因形就势,利用他人,使自己占据优势地位,也随之拓展到了中国日常生活的方方面面,成了"中国的流行文化"(Sun-Tzu,2009:xvi),"诡"或诡诈则变成了中国人的性格特点。其中,被引用的典型人物和事例还包括:韩信胯下受辱的故事(故事讲述人却是被中国政府明确定性为邪教组织的"法轮功"头目李洪志)、太极拳、少林功夫、《素女经》中道家的采补之术等中国元素和中国符号,以彰显"诡道"思想在中国的影响之深、之广,"《孙子兵法》对中国文化的影响堪比亚瑟王传说对欧洲文化的影响"(Sun-Tzu,2009:xvii)。在闵福德看来,上述这些中国元素和符号均以这样或那样的方式与"诡道"联系起来。所有这些编织成闵福德认识中国文化和《孙子兵法》的认知框架,因而使他的视域受到极大的限制。而他在《孙子兵法》中阅读到的"诡道"恰恰"佐证"了他的这种认知,又被他拿来作为解读其他中国文化的一件工具。

闵福德把"兵者,诡道也"中的诡与利他精神、仁爱、奉献精神放在一起进行讨论,显然是把诡放在一个对立面上,其实是误解了"诡"在《孙子兵法》中的内涵。

在他看来,《孙子兵法》提出在人际关系中采取算计的方法。这种算计直接违背了他所秉持的基本人文价值观。此处,闵福德偷换了概念,把运用于军事谋划中的诡计或奇正之法看作人际交往中的算计。他认为《孙子兵法》谈的就是操纵,把各种形势都为"我"所用,目的就是为了积聚个人权力,从心理上实现对他人的压制和掌控。对闵福德而言,这是对真正道家思想的扭曲[①]。

兵者,诡道也,实则是在讲用兵的奇正之道。奇正结合并且相互转换,这也是

[①] https://www.sonshi.com/john-minford-interview.html,2019-01-12。

《虚实篇》所言的"兵无常势,水无常形",用兵只有出奇,才能制胜,才能达到预期的作战目标,取得战争的胜利。又,《军争篇》中有"兵以诈立",李零还以此作为自己的著作名称,并解释"兵不厌诈"的用兵原则为"没有规则,就是唯一的规则"(李零,2012:7)。因此,"诡道"之"诡"是讲军事战术的运用,不能将其解释为道德范畴内的概念,更不能大而化之,把它说成是中国人自古以来就有的性格特点。

闵福德无视战争的残酷性,战争是"死生之地""存亡之道",也势必涉及敌我双方心智的较量。一味地追求战争中的仁义,只会导致战争的失败、国家的灭亡,实际上是置国家、人民于危险境地的不义之举,是一种形式的迂腐。宋襄公那一套"战争道义"观早已被历史所淘汰,连毛泽东都称其为"蠢猪式的仁义道德"(李零,2014:67)。

闵福德夸大了"诡"这一为取得战争胜利而采用非常规之法的术,却忽视了孙子深知战争危害而慎战、重战、速战的道。同时,他还偷换概念,把战场上的计谋和战术运用等同于人的道德品质,并把"诡"推广为中国人的国民性格。

同时,闵福德只关注"诡道",却选择性地忽视了《孙子兵法》所传递的"慎战"思想。"诡道"与"慎战"交织在《孙子兵法》这一文本之中,"诡道"的意义也受到"慎战"的影响和约束,这也决定了"诡道"并不能像闵福德那样来解释。"诡道"的目的是为了取胜,或速胜。战线拉长,战事久拖,这些都会耗费国家资源,造成民生凋敝,是一种变相的"不义"。因此,"兵久而国利者,未之有也"(《作战篇》)。两害相较取其轻,为了国家利益而不得不在战事指挥上使用一些计谋,实乃不得已而为之,也是国家大义。我们要清楚的是,诡道在《孙子兵法》中表述的是军事概念,不适用于伦理道德的评判,更不能因此给中国人的性格特点贴标签,形成对于中国人的刻板偏见。

闵福德以诡道为切入点抨击中国文化,批评中国人的劣根性,这扭曲了《孙子兵法》原文的精髓和内涵,使其以另外一种形象呈现在西方读者面前。对于中国文化的扭曲和抹黑,恰恰迎合了西方读者的阅读期待,"巩固"了西方读者长久以来形成的对于中国的刻板偏见。sonshi网站在其访谈介绍中称,闵福德"对于《孙子兵法》有令人耳目一新的准确的见解"①。闵福德见他人之所未见,自然见解"令人耳目一新",但这种见解随即也未经鉴别自动成为"准确的见解",可以说,西方世界也乐于接受闵福德的见解为"准确的见解"。译者虽然发挥了自己的主观能动性,但是在翻译的道路上走向了一条歧途,而且越走越远。

闵福德对于《孙子兵法》的认识受限于他的生活和工作经历。二十世纪八九十年代,闵福德先后在我国香港、台湾等地任教和工作,有十几年时间都生活在中国。彼时,国人对于中国社会和文化的反思和批判之风也深深影响了闵福德。"文化大革命"、柏杨、李宗吾的《厚黑学》、刘晓波等带有浓厚时代烙印的符号也出现在闵福德的论述中。在那样一种大的环境下,我们也就不难理解闵福德认识的局限性以及他对于《孙子兵法》和中国文化的刻板偏见了。

序言性导论的主要功能如热奈特所言是为了"确保文本得到恰当阅读"(Genette,1997:197)。这其中包含两个行为:一是激发读者的阅读兴趣,使文本得以阅读,涉及为什么阅读的问题;二是使文本得到恰当阅读,涉及如何阅读的问题。二者可以分别被看作导论的最低和最高目标,前者是后者的必要非充分条件,因为只有首先开始阅读才有恰当阅读的可能,但开始阅读并不一定能保证恰当阅读。闵福德的导论做到了第一点,能够引起西方读者阅读其译本的兴趣,同时也指引着读者如何去阅读他的译本,但是,这种闵福德自认为"恰当"的阅读角度却并不恰当。

有了这样的导论,译语读者在阅读《孙子兵法》译文前就带着先入为主的视角去阅读,去期待译文内容。这样,译文起不到文化交流的效果,只会让外国读者加深对于中国及中国人的误解。又或者外国读者在阅读过《孙子兵法》译文之后,会重新形成对于孙子兵法思想的认识,对导论造成的误导进行纠偏,但毕竟负面的印象已经成形在先,扭转认识并非轻易就能做到。应该说,闵福德对于《孙子兵法》的认识以及由此生发的对于中国人的看法并不客观、公允。但是,其看法可能符合西方读者的阅读期待,在一定程度上可以刺激其译本的销量。诚如黄海翔所言,闵福德对《孙子兵法》进行了东方主义误读(黄海翔,2009:68)。他以西方既有的对中国的看法去解读《孙子兵法》,又援引所谓的例证去证实他刻意强调的"诡道"思想,

---

① https://www.sonshi.com/john-minford-interview.html,2019-01-12。

将其变成中国的流行文化,以此去迎合西方读者的阅读期待。这种循环论证的手法在西方世界颇有市场。

文化间的认识交流要考虑具体的历史、文化及社会经济现实语境,脱离了这些,一种文化对另一种文化的认识就可能是片面的,且带有刻板的偏见,不利于两者间的正常交流。同样,对于文本的翻译也应如此,特别是在对待古籍翻译时,涉及了时间、空间、文化等多个层面和角度的信息迁移。译者应该把文本形成的年代、客观社会条件等都考虑进去。有关概念历经时代变迁和文化转换,早就与最初的意义大相径庭。这也从另一个方面说明,意义并非一成不变。既然存在这种情况,翻译的难度势必会增加。看似词与词相互对应,实际译文效果却呈现出另一种风貌。

这也是"中华文化走出去"面临的一个困境,如何打开目标群体的心结,使其放下戒备,不再以一种对抗或抗拒的态度对待中国,真正为"中国妖魔化"祛魔,促进中西文化之间坦诚平等的交流,应该成为我们重新思考的重大问题。

6.2.2 克里瑞译本中的"道"

克里瑞十分重视《孙子兵法》中所蕴含的道家思想元素,称其充满了《易经》和《道德经》一类道家思想经典中的见解。克里瑞在译者前言中指出,其译本"从《孙子兵法》的道家伟大思想传统背景来呈现这一经典"(Sun Tzu,2003:3),称道家思想不仅是东亚地区心理以及科技的源泉,而且是这部最受推崇的成功手册(《孙子兵法》)中有关人类本性的真知灼见的来源(Sun Tzu,2003:3)。显而易见,克里瑞已经把《孙子兵法》纳入了道家思想体系,并以道家思想去解读《孙子兵法》。

克里瑞译本导论共分五部分:一、道家学说与《孙子兵法》;二、《孙子兵法》的结构与内容;三、历史背景;四、注家介绍;五、翻译相关情况。

在第一部分,克里瑞开篇引《史记·鹖冠子》中魏文王与扁鹊讨论扁鹊三兄弟医术谁最高明的故事。扁鹊大哥医术最高,之所以名气不如扁鹊,乃是因为他能防患于未然,在病人还没有生病时就已经作了预防,属于先见之明。世人看不到他救人于生死,因而容易低估他的医术,但这却正是其医术高明之处。而《孙子兵法·军形篇》中讲"古之所谓善战者,胜于易胜者也。故善战者之胜也,无智名,无勇功"。这则故事说明,医学与兵学的相通之处,在于取胜于无形,在问题还未发生的时候就有针对性的防范,这些在克里瑞看来具有"典型的道家学说思想特点"(Sun Tzu,2003:6)。

以此为切入点,克里瑞随后对比了《孙子兵法》与诸多道家典籍如《道德经》《淮南子》《易经》等在内容和思想上的相似性。在对待战争的态度上,孙子和道家思想都认为战争具有破坏性,只有在不得已的情况下才诉诸战争;在作战策略上,要做到行动保密,不为敌所知;掌握"虚实"是道家最基本的原则之一,而《孙子兵法》也专门有一篇讨论"虚实";《孙子兵法》特别强调军事实力的政治基础,相同的思想也反映在《淮南子》以及诸葛亮的著述当中。

此外,克里瑞(Sun Tzu,2003:16)认为,《孙子兵法》中一些看似矛盾的观点只有用道家思想才能加以合理解释。例如:孙子在谴责战争的同时,又能冷静地传授残酷的战争学问。《道德经》当中也有类似观点:"天地不仁,以万物为刍狗;圣人不仁,以百姓为刍狗。"客观世界有其自身的运转规律,并不以个人的意志为转移。只有以超然世外的态度去看待世界万物,才能形成客观的评价,做出正确的判断。孙子对战争的研究观察是为了认识战争、理解战争,客观认识战争可以避免人们意气用事、"怒而兴兵",但不是为战争的毁灭性行为进行辩护。对战争的理解既可以帮助人们打赢战争,又可以帮助人们避免战争。换言之,理解战争可以止战。通过透彻分析冲突中涉及的政治、心理以及物质等诸因素,孙子的目标"不是为了鼓励战争,而是尽量减少和限制战争"(Sun Tzu,2003:17)。

在第一部分结尾处,克里瑞套用道家思想的观点,指出,"内修心境,外晓用势,二者真正的均衡才能最全面地理解《孙子兵法》"(Sun Tzu,2003:17-18)。为了说明二者失衡的危害,克里瑞举《西游记》中猴王学艺归来在花果山的一个小故事为切入点。悟空学艺归来,剿灭混世魔王,一日自忖:

> "我等在此恐作耍成真,或惊动人王,或有禽王、兽王认此犯头,说我们操兵造反,兴师来相杀,汝等都是竹竿木刀,如何对敌?须得锋利剑戟方可。如今奈何?"(第三回)

> "于是,猴王启动了军备竞赛,命人先发制人地贮存真正的武器。"(Sun Tzu,2003:18)

上述所引文字以字数来计算在《西游记》整部著作当中极不显眼,甚至可以忽略不计,但却独独被克里瑞解读成"二十世纪(美苏)军备竞赛的写照"(Sun Tzu, 2003),其中的牵强之义不言而喻。孙悟空的这一行为也被解读为修外不修内、重武功却轻修为的事实佐证。其后孙悟空在太上老君八卦炉中遭受锻炼,这也被喻指为"精神修炼"(Sun Tzu, 2003:19)。及至后来,孙悟空在观音菩萨指点下,保唐僧西天取经,寻求更大修为。克里瑞把《孙子兵法》的谋略比作戴在后人头上的"紧箍咒"(Sun Tzu, 2003:20),谁忘记了战争的规律就会承担由此产生的后果。于是,通过克里瑞的解读,《西游记》、孙悟空、军备竞赛、战争、《孙子兵法》、道家思想等信息符号交织并联系在一起。在此基础上,克里瑞指出,"《孙子兵法》中的道家线索并非一种随机的文化因素,而是在各层面理解该文本的关键所在"(Sun Tzu, 2003:31)。

　　克里瑞之所谓道家思想,实际上指的是古人对待世界万物的朴素世界观和哲学观。《孙子兵法》所代表的不过是这种哲学观在军事领域的运用。其他克里瑞所引用的如《易经》《淮南子·兵略训》以及诸葛亮军事论说概莫如此。克里瑞称道家思想贯穿于《孙子兵法》全书,旨在弱化其军事色彩,突出其形上的道家思想,从而使《孙子兵法》的应用范围更广,不限于军事领域,成为生活哲学之书。也可以说,在克里瑞的话语体系中,道家思想的概念经过了重塑,发生了变化。克里瑞所解释的也不过是以孙子为代表的古人对于战争的认识。但是,克里瑞为他们披上了道家思想的外衣。

　　对于孙子与道家思想之间的关联,中外学者已多有论述。例如:熊剑平认为,今本十三篇《孙子兵法》实为古时著录在《汉志·诸子略》中的"《孙子》十六篇",而并非《汉志·兵书略》中的"《吴孙子兵法》八十二篇",即被《汉志》归为道家之书。并且,"《孙子》主要思想来源与道家,尤其是《老子》,有着千丝万缕的联系"(熊剑平,2010:36)。

　　姜国柱(1998:7)把老子称作"兵学开山祖",而孙子则是"兵家鼻祖"。他认为老子最早言说兵事,而孙子则是在前者的基础上有所继承发展,形成了系统的兵家思想,这才有二人不同的定位。但这一论断也是针对二人著述中的兵学内容而言。姜氏关注的重点是各派思想中的军事方面内容,即在军事框架下进行解读,因此才有了对老子"兵学开山祖"的定位,而对《孙子兵法》中的道家元素并没有系统论述。克里瑞则反其道而行之,解读角度不同,自然产生了不同意见。

另外,在老子、孙子二者孰先孰后的问题上,学界尚存有争议,主流看法认为老子在前,孙子承袭老子。但也有学者(何炳棣,2014)认为《孙子兵法》在老子的《道德经》之前,且《孙》为《老》祖,《老子》借鉴了《孙子》的思想。如果何氏考证属实,那么《孙子》借鉴《老子》道家思想一说自然也就站不住脚了。把二者孰先孰后的问题先搁置一旁,也难以否定还有其他可能性存在。暂不论二者间是否互有借鉴,因为孙子、老子均生活在春秋战国时期,群雄争霸、战事频仍的时代背景是相同的,战争已经上升到"国之大事"的高度,自然各家也就对兵事非常重视,在著述当中多有讨论自然不足为奇,"各家都在察兵、言兵"(姜国柱,1998:6),在此基础上形成的对军事、对世界等内容的认识也难免有类似之处。

但是,《老子》与《孙子》各有侧重点。《老子》影响最大的是"其形上的'道'论"(何炳棣,2014:15),综合全书来看,其重心在"君人南面之术"(同上)。也就是说,它首先意在指导国君治国之术,其次才是一部哲学著作,不过也有相当部分内容在言说兵事,此外《老子》还有方术、养生和神仙之术等方面的内容,呈现出多元化、多层次的趋势。但后人往往给它贴上单一标签,要么认为它倡导无为之学,要么将它与玄学联系起来。对于《孙子兵法》而言,应首先定义它是一部兵书,这是它的基本属性。其次,它蕴含着丰富的哲学思想,这些思想与道家思想互有借鉴,也有不谋而合之处。《孙子兵法》作为"言道之书"(清代魏源语),其所言之道并非全都属于道家思想之道,而是古人认识世界的哲学之道。《孙子兵法》蕴含着一定的道家思想元素,但把《孙子兵法》全然视作道家学说著作,未免失之偏颇。以《孙子兵法》为代表的兵家著作对于道家思想"不是机械照搬,而是化用"(李桂生,2009:313)。《孙子兵法》的"道"消除了《老子》之"道"的神秘色彩,以客观现实为基础,从而拥有了朴素的唯物主义色彩。

需要指出,即便《老子》《孙子兵法》间存在互文现象,但相关概念也并非完全一致。其中,最为典型的要数"奇正"概念。二者都讲"奇正",但老子"以正治国,以奇用兵",孙子则把"奇正"都运用于军事,强调军事作战"以正合,以奇胜"。可以看出,虽然"奇正"在两个文本中均有出现,但内涵与外延以及适用范围都发生了变化。

此外，在对待战争的态度上，老子认为"兵者，不祥之器"（《道德经·第三十一章》），不主张战争，体现了"恶战"思想；孙子则认为"兵者，国之大事也"，主张积极应对，正视战争。《老子》主张无为而治，而《孙子兵法》则主张通过"有为"的途径知敌、备战，进而取得战争的胜利。可见，《老子》和《孙子兵法》涉及一些看似"相同"的概念、元素，但讨论的框架体系有所不同，并不能在二者之间画等号。

综合以上讨论可看出，克里瑞赋"道"于《孙子兵法》，把《孙子兵法》与道家思想作了诸多关联，但正如《道德经》中所言"道可道，非常道"，《孙子兵法》之"道"与道家之"道"有一定联系，却并不全然等同，此道非彼道。或者说，"道"或"道家思想"的含义在历史长河中已经悄然发生了变化。先秦学说有近似的社会背景，彼此之间存在千丝万缕的联系，自不待言。《孙子兵法》以兵事为内容的基本属性不能否定。经典之所以历经数千年仍旧是经典，就在于它们仍然有意义。当今的战争环境已经发生了巨大的变化，《孙子兵法》作为冷兵器时代的一部兵书，与过去相比，其对现代战争的指导意义自然不可同日而语。如《孙子兵法》多篇讲到地形、地势，那是受限于其成书时的历史环境。彼时飞机还没有被发明出来，不存在空战这种作战形式，古人的目光也没有摆脱他们生活的陆地环境，战争仍然受限于地形、地势。时至今日，伴随着战争形态的巨大变化，《孙子兵法》的意义不能也不应再继续限制于指导战争和具体作战。于是，我们看到，《孙子兵法》越来越多地被看作一部"生活之书"，并运用于诸如商业、体育等社会生活的各个方面。既然《孙子兵法》指导实战的意义有所削弱，不再局限于兵事，那么相应地也就要求人们关注它内在的形而上内容，从中提取具有更普遍指导意义的原则。这样，用《孙子兵法》与道家思想相比附便有了现实基础。一方面，道家思想代表了形而上的思想理念，更适合以抽象的形式指导生活实践；另一方面，道家思想作为独特的中华传统文化符号，也较能迎合西方读者对于中国的形象认知。道家思想容易与道教混为一谈，道家思想代表人物黄帝、老子等还带有一定的传奇性神秘色彩。在道教中，老子被认为是"太上老君"的凡世化身，克里瑞还把太上老君对孙悟空的冶炼称作"精神修炼"。道家思想的这些神秘元素满足了西方世界对中国进行"东方主义"画像的要求。克里瑞在导论的翻译问题说明中指出，其译作旨在"提供一种意象空间，可从特定出发点形成不同的解读观点"（Sun Tzu, 2003: 39），道家思想元素在一定程度上也有助于其翻译意旨的实现。应该说,作为概念,道及道家思想已然成为能指相互游戏的语义场,也为克里瑞打造《孙子兵法》的道家意象提供了前提基础。

从本节内容看,无论是闵福德的"诡"还是克里瑞的"道",都是译者对原作精神的一种生发,是译者对相关概念的一种赋义。原作当中的一粒种子,经历翻译土壤的培育,再经译者的人工嫁接,结出的果实已经与原来的品种大相径庭,甚至还结出了恶果、坏果。这个过程反映出文本意义跨越语言的巨大变化。如果说这种变化在译文中表现得还不甚明显的话,那么副文本为译者提供了充足的空间,使其可以充分表达在译文中隐而未发的态度、观点、立场。如果说原文为"一",各译文为"多",副文本则放大了这种"多",实现着译本样态的熵增。

6.3 格里菲斯译本脚注中的"孙子"印象

李德超与王克非(2011)曾从描述性角度出发,梳理了周瘦鹃早期翻译作品中的译注,并进行文化解读,分析了20世纪初外国小说在中国的接受与传播情况,具有较好的借鉴意义。

作为译本副文本的一种,译注在很大程度上还是从译文读者的角度出发,协调译文、译者和读者之间的关系。译注的多少反映出译者对译文的定位和理解,如译文是否自洽,是否会给译文读者带来理解上的难题,等等。在袁士槟译本中,译者只添加了8处译注,均置于译文内,以中括号区别于译文。分析这8处译注,内容分别为古代兵制、九天(地)、镒的概念、五形、五利、黄帝、诸刿、兵役制度,基本与中国传统文化概念相关,译注主要起到文化沟通的作用。我们也可以推断,在译者看来,原文意思是清楚的,不存在歧义情况,翻译方面也无须特殊说明。

区别于袁译本较少的译注,在《孙子兵法》诸多译本中,格里菲斯译本译注以脚注形式呈现,且脚注数量多,高达192处。本节以格里菲斯译本中的脚注为对象,通过研究脚注的功能与分布情况,分析脚注对译者与原文身份塑造所发挥的作用。

脚注的对象即译文读者,脚注所包含的信息也即译者意在向译文读者传递的信息。但这种信息又是"可选择性的"(Genette,1997:324),即不是必须的,只针对那些感兴趣的读者。这种地位也反映了脚注作为副文本的一种属性:它从属于译文正文,是对后者的一种补充,但在实际阅读中,它们又发挥着不可替代的作用。

当译文读者对译文本身存疑时,脚注又成了他们寻求答案的唯一去处。这种情况说明译文本身内在的不足,需要脚注加以替补。这时的脚注遵循着替补的逻辑,即补充和替换。脚注的多少反映着译者对译文的自信程度。没有脚注或者脚注很少意味着译者认为译文本身是自洽的,可以自圆其说,不会存在或者极少存在让译者不解的困惑。脚注很多,则说明译文本身留下了许多空白,这些空白也就是解释的空间。而相关解释则会暴露译文的不足、矛盾。

表 6.2 格里菲斯译本脚注的分布情况

序号	1	2	3	4	5	6	7	8	9	10	11	
脚注分类	字词释义	不同译法	原文调整	质疑原文	译文解释	翻译依据	字面翻译	信息索引	文化信息	注文调整	注文注释	总数
频次/次	15	37	5	16	34	11	13	2	12	4	43	192

按照格里菲斯译本脚注的内容与功能,本书将其分为11类:

(1) 字词释义主要针对各篇篇名或意义丰富的词汇,格里菲斯会对这些词汇进行较为详细的解释,并阐明其在《孙子兵法》中的含义。如在《始计篇》中,格里菲斯对"法"的含义进行了解释,并分析了"兵法"的"法"与"道天地将法"中的"法"之间的不同。此类注释一方面表明原文字词的丰富意义,另一方面又将译者的选择过程呈现出来。由于两种语言的差异,翻译的限制,译者只能被迫做出选择,以译语字词的多义性替代原文字词的多义性。

(2) 不同译法,既指同一句存在意思不清的地方,可以做不同的理解,还有不同的翻译方法,还指出前人特别是翟林奈的译法错误,译文读者可以比较不同的译法,对比它们之间的差别,做出自己的判断。当然,格里菲斯对翟林奈的译法并非一味地批评,也有几处对翟林奈的译法表示了认同。

(3) 原文调整既包括格里菲斯所选底本中已经做出的调整,也包括格里菲斯出于个人对于原文存在歧义或位置不当等原因而对原文做出的调整,有时格里菲斯还会对他认为系衍入的内容进行删减。此类注释在一定程度上呈现出原文演变的历史印迹,以及由此引起的译文变化。

(4) 质疑原文则指格里菲斯虽然按他所理解的意思进行了翻译,但认为原文相关意思并不十分妥当,还有待商榷;或者是原文中一些影响《孙子兵法》成书时间判断的信息。如《作战篇》与《兵势篇》中都出现了"弩",格里菲斯均在脚注中予以指明。这一信息被格里菲斯用作讨论《孙子兵法》成书时间的依据(Sun Tzu,1963:9)。脚注暴露出原文意义的可能性,只不过经历翻译,这种可能性受到限制,一些声音缺席离场。这种缺席是译文读者单独从译文中无法感知的,脚注补充了译文的这种缺陷,而在补充的同时,也在完成着对原文在场的置换,使译文读者通过脚注去理解和认知原文,脚注表征着原文的可靠性,成为原文的代言。

(5) 译文解释既指对译文做进一步解释,以阐明隐晦之处,还指引用其他资料来证实译文的真实性。其中,引用资料既包括古代注家的注文,也包括西方文献资料。

(6) 翻译依据系说明译者按照哪家注解对原文进行了翻译,有时格里菲斯也会列举多家注文并综合各家意见,从中选择自己认为正确的注解进行翻译。

(7) 字面翻译则指相关文字直译的内容,以方便译文读者比较,进而形成自己对相关内容含义的判断。

(8) 信息索引的内容并不多,主要目的还是方便读者联系前后内容,快速定位内容,从而从整体上把握《孙子兵法》的内容。

(9) 文化信息指译文中涉及与中国文化相关的信息,出发点在于让译文读者对相关内容有更为具体的感性认识。如《行军篇》中提到"黄帝之所以胜四帝也",格里菲斯就对黄帝的统治时间进行了注解,"据说(黄帝)于公元前 2697 至前 2597 年在位统治(supposed to have reigned 2697 B.C. - 2597 B.C.)"(Sun Tzu,1963:117)。从该注释中的信息,读者也可以推断黄帝生活的时代久远,且统治时间有 100 年,极可能是传说人物。

(10) 注文调整是格里菲斯认为相关注文在原文中的位置错误,从而在译文中进行了位置调整,放到其注解的内容之后。

(11) 注文注释则是格里菲斯专门就各注文内容进行的解释,往往是添加一些背景信息,与译文本身的关联不是很大。

从统计情况看,格里菲斯译本脚注主要有以下作用:

一、充分体现译者的主观能动性。格里菲斯采取了一种务实的态度对待《孙子兵法》翻译。格里菲斯对《孙子兵法》原文并没有亦步亦趋,严格按照原文进行翻译,而是对原文中不合理的地方进行大胆改动,方式包括调整位置、增加、删减等。改动的内容不仅包括正文,还包括正文注文。格里菲斯的身份也就不单纯是一名译者,他还承担起编辑的职责。就脚注内容看,不合理的原因主要在于格里菲斯认为有些内容系后来衍入,还有的是格里菲斯在对比多个底本后,从中选择自己认为最为合理的进行翻译。例如:对《作战篇》中"其用战也,胜"一句,格里菲斯(Sun Tzu,1963:73)就在注释中说明,他按照《武经七书》在"胜"前添加"贵"字,以表示"重在取胜"的意思。这也说明格里菲斯除以孙星衍校本为主要底本外,还借鉴参照了其他资源,综合了各家意见,不迷信于某个版本,从而保证底本质量。此外,格里菲斯也会在译文中增加一定内容,以做到让译文意思更加清楚,从而对原文中语焉不详的内容加以澄清。

二、增加译文的可信度。格里菲斯在做上述改动时,大都能给出自己的依据,说明参考来源,做到有据可依,使人信服。脚注把译者在译文中"遗漏"的内容和选项呈现出来,增加了译者的可信度。因为它们表明译者并非没有意识到那些"他者"选项的存在,而是在经过仔细考虑后做出选择,并且把其他的可能性坦诚地放到译本当中,释放了译者的善意。对于意思不确定的内容,脚注可以通过不同方式提供多种解读。一是给出相关文字的字面翻译;二是由译者本人给出同一内容的其他译法;三是提供他人的译法作为参照,供读者比较优劣;四是说明自己译法的来源依据。格里菲斯有时还会直接把自己的疑问放在脚注当中,起启发作用。如《九地篇》中"厉于廊庙之上,以诛其事"一句,格里菲斯在脚注中指出,原文让人困惑,各家注述派不上用场,且"诛其事"的行为人不清楚(Sun Tzu,1963:140)。格里菲斯在脚注中对翟林奈的译文多有引用。引用的目的多在于通过比较探讨二人在对原文理解和处理上的不同,在比较中说明自己选择的合理性。另外,格里菲斯对翟林奈的译文也并非一味贬抑,有时也予以肯定,体现出较为客观的立场态度。如同为《九地篇》中的"易其居,迂其途,使人不得虑"一句,格里菲斯就认为翟林奈的理解是最好的。这样,通过对各方面的意见兼容并蓄,有批判、有借鉴,从而使译文显得更为可信。

三、借助名人效应,提升译本地位。除了让利德尔·哈特为其译本作序外,格里菲斯在脚注中也注重对名人效应的利用。在对相关译文提供的文化信息中,格里菲斯多次提及毛泽东、武田信玄("风林火山"旗)等著名历史人物(Sun Tzu,1963:106),以提高译者的阅读兴趣和对相关内容的重视程度。为解释《行军篇》中"夜呼者,恐也"一句,格里菲斯(Sun Tzu,1963:121)在脚注中提醒读者参阅希腊传记作家普卢塔克(Plutarch)在亚历山大大帝的传记中,相关战争场景的描述。通过脚注,格里菲斯在中西文化中间搭建起沟通的桥梁。让西方人通过自己较为熟悉的故事来了解《孙子兵法》中的相关内容,这无疑是快速消除文化隔阂、促进了解的好路径。

与此同时,格里菲斯译本的脚注也产生了一定的负面影响:

首先,格里菲斯在对原文刀削斧斫的同时,也降低了原文的整体性和权威性。在所有译本当中,只有格里菲斯做了如此大幅度的调整,或者说只有格里菲斯明确自己做了诸多调整。如变动最多的《九地篇》,格里菲斯(Sun Tzu,1963:130)在该篇第一个脚注中指出:该篇原来的编排有太多需要改进之处。许多章句放错了位置,其他还有重复的,或者是古代注文衍入的情况。格里菲斯据此对一些章句调整了位置,还删去了一些疑似衍入内容。按照格里菲斯的标准,该篇调整后译文共计61小节(verse),其中调整位置的有13小节,占1/5以上。此外,被认为系衍文而删除的有8小节。由于格里菲斯做了大量调整,后来学者在对其译本变动情况进行统计时,也难免出现错误。例如:杨玉英(2012:16)称《九地篇》中有三处省略未译。但实际情况是,"禁祥无[去]疑,[至]死无所之"一句系调整了位置,在格里菲斯译本中为该篇的第44小节,而并非省略。格里菲斯译本的变动之大,可见一斑。需要指出,《孙子兵法》经历了众多校释调整才形成了今天的形态。虽然可能有后代内容衍入的情况发生,但其所谓"最初面貌"已无从考据。格里菲斯虽然做了总体说明,但细节之处有哪些调整,除非对照现有版本,不然译文读者却无从知晓。这样,译文读者也就被格里菲斯剥夺了相应的知情权利,无法自己做出判断,还会形成原文存在诸多错误的印象。事实上,格里菲斯所做的调整也是诸多选择中的一种,也并不必然优于其他选择。如同篇中"四五者,不知一,非霸王之兵也"一句,格里菲斯把"四五者"改为"此三者"。对于这种改动是否恰当,学界还有不少争议,但现存版本中还是以"四五者"的说法为主。又如《谋攻篇》中"故君之所以患于军者三"一句。格里菲斯在脚注(Sun Tzu,1963:81)中称,他将该句中君、军二字进行了互换,使其意为"君主有三种方式会给军队招致祸患"。但实际上,除明朝刘寅的《武经七书直解·孙子》对该二字进行互换外,其他都以君在前而军在后(杨丙安,2012:84)。其中差异其实在于对古汉语的理解上,患字做动词,有被动和使动两种用法,可理解为"受患",也可理解为"致患",不用调整字词顺序即可。可见,此处问题症结在于译者本身,但格里菲斯也将其归因于原文问题,实为不当指摘。

其次,格里菲斯译本参照汉语底本,采用了译文与注文混合排版的形式,注文翻译采用整体缩进的版式区别于译文,注文前标明注家。从对脚注的统计情况来看,对注文的注释有43处,而对注文调整情况的说明有4处,二者相加占脚注总数(192)的近1/4。不得不说,对这部分脚注的阅读会消耗译文读者相当的精力。在注文注释这一类脚注中,有对注文当中出现的文化背景知识进行说明的,有的则是综合几家见地要义,还有的则把注文放在了脚注当中,体现出标准上的不统一。

综上,通过对格里菲斯译本中的脚注进行解读,我们可以较为细致地了解格里菲斯在翻译过程中遇到的问题以及处理思路,并推断格里菲斯对《孙子兵法》所持的态度。详尽的脚注信息一方面表明格里菲斯参考了大量文献,并在综合各方意见的基础上进行翻译,使得其译文显得较为客观与可信;另一方面,鉴于脚注中有大量对于原文存疑或进行调整的信息,译文读者会降低对原文的预期。这两个方面相辅相成,随着对译者认可程度的提升,译文读者也就越接受译者对于原文的调整和变动。事实上,格里菲斯对于《孙子兵法》尤其是《九地篇》的大幅调整是否合理还有待商榷。如果按照翟林奈的标准,如此幅度的调整肯定是不可接受的,正如他批评卡尔斯罗普的那样,格里菲斯对待《孙子兵法》没有像对待拉丁或希腊典籍那样尊重。但是,格里菲斯的做法也有一定依据。如前所述,格里菲斯作为译者发挥了极大的主观能动性,但译者能在多大程度上对原文及译文施加影响依然是事关翻译本质的议题。不论如何,脚注作为译本的副文本夹杂着译者的声音(translator's voice)(Hermans,1996:27),反映着译者对于原作的态度和立场以及对于译作的操纵控制。这也从侧面说明,翻译过程掺杂了众多影响因素,绝非简单的意义搬运,或者只是语言形式的转换。在多重因素的共同加持下,译本的面貌也会发生程度不一的变化。

6.4 本章小结

本章从热奈特提出的副文本概念入手,着眼于译本译文与副文本关系的破立,以译本副文本为研究对象,研究译本副文本对于译文、原文乃至源语文化的反向作用。研究表明:译本副文本不再简单地附属于译本译文,是其副产品或者仅仅是译文的一种附属物。相反,在译文与副文本的二元对立中,译本副文本作为译文的替补,对译文发挥了既补充又替补的双重作用。副文本一方面暴露出译文的内在不足、空白、矛盾,对其加以补充,同时伴随着这种补充又对译文进行替换,生出新意,营造多种意象。副文本提供了重要的信息,反映出译本制作者对于原作的认识以及重塑。作为译本的补充,译本副文本提供的不仅仅是有关翻译的补充信息,还有译者对于源语文化的认知以及由此决定的译者翻译策略。翻译策略又先在于翻译过程,因此译本副文本与译文之间形成了一种既先在又从属的矛盾关系。

此外,译本译文与原文的直接相关,是相对的"一",相对而言,译本副文本则可以提供给读者更为丰富的原文以及源语文化图景,形成相对的"多",塑造出不一样的孙子形象。旁注、脚注、括号说明及序言等准文本形式无不表明两种不协调的声音同时存在于译作中(王克非、黄立波,2008:11)。各译本纷纷把《孙子兵法》纳入自己的叙事框架,以自己的视野赋予《孙子兵法》新的意义,并以此在众多译本中形成自己的特色,在众多译本的竞争中占据自己的一席之地。这样做的目的在于迎合西文读者的阅读期待,满足他们对于东方世界的理解和认知。一是加深他们原有的印象,如克里瑞赋予《孙子兵法》一种神秘色彩,将其与道家思想相关联,突出其不可知性。二是标新立异,发表惊人言论或观点,如闵福德从"诡道"一词出发,将诡诈奉为《孙子兵法》的一大主旨,在前言当中大书特书,从而吸引西方读者的眼球。

通过对译本副文本与译文关系的解构与重塑,可以帮助我们重新定位译本副文本,发掘副文本对于译文、原文乃至源语文化的塑形作用。对于译本副文本的讨论同时也进一步印证翻译不只是简单的语言转换,在此意义上,《孙子兵法》出现如此众多的英译本也就不难理解了。

第7章

结 论

7.1 本书总结

翻译作为一项历史悠久的人类活动,与人类多样化的语言相伴而生。同时,借助语言和翻译来言说哲学也是解构主义的议程之一。在解构主义视野下,哲学、语言和翻译彼此交织,难以切割。语言不是透明的玻璃介质,语言能指与现实所指之间也并非一一对应的关系。那种状态既是本雅明的"纯语言",也是德里达所言巴别塔工程被上帝中断以前的语言状态;是西方哲学传统中的理想原型,也是解构主义着力解构的对象。显然,人类已经无法退回到那种"初始"状态,而那种状态也只是人类构筑起来的一个神话。人类语言变得多元,这是真正的现实写照,是无法回避的既成事实,也是人类从事翻译、无法离开翻译的原始动力。闪族人建造巴别塔的目的是实现天下语言的统一,也就意味着在此之前天下语言的多元样态,而巴别塔工程的失败也就象征着人类统一语言的梦想的幻灭。人类建塔,上帝拆塔,巴别塔的建构过程即伴随着解构。巴别塔是一种可望而不可即的状态,只存在于人类的构想之中,从这层意义上讲,巴别塔成为人类语言多元化的象征和起点。正是由于人类语言被变乱,为了交流、彼此理解,所以产生了翻译的必要性。同时,由于各种语言间的异质性存在这一事实,完全翻译和交流变得不太现实。因此,翻译就成了译者必须承担而又无法完成的一项任务,成为译者必须永远背负的债务。换言之,由于背负上这种债务,负责任的译者才会孜孜以求,不断完善自己的翻译,力求使翻译达到不可能的完美状态。"翻译的必要性和不可能性的悖论是贯穿于德里达的解构主义翻译理论始终的一个核心概念,可以说,后来的解构主义翻译理论家和实践者正是在自己的理论研究和翻译实践中将他的原则付诸实施的"(王宁,2009:136)。解构主义提供给我们更多的是一种质疑精神,一种批判精神。以解构主义视角去看待翻译实践,意味着要求译者不断精益求精,努力去偿还那永远难以偿还的债务。译者的这一形象极似法国作家加缪笔下的希腊神话人物西西弗斯，明知不可为而为之，勇挑历史重担。

纵观《孙子兵法》100多年来的英译历史，新的译本不断涌现，对先驱译本既有批评也有借鉴，正是因为没有哪个译本可以一劳永逸地完成翻译的任务。一如对《孙子兵法》的注解和校释这类的语内翻译，不同的见解可以同时共存，都有其合乎情理之处，只不过出发点和侧重点不同，有时甚至可以得出截然相反的观点，这些不同观点栖居于同一个文本中，呈现出一种共生状态。同理，在这样的前提下，翻译自然也可以呈现出不同的面貌。只不过，经历了语言间的转换，原文中的那种观点意义的共生状态可能会随着意指方式的变化而消除，伴之以译文新的多义性。因此，不同译本间除了社会学意义上的竞争关系，互补也必然成为它们之间的共处方式。这种互补关系说明了各个译本的某种不完善，而相关的不完善又与翻译的不可能性密切相关。翻译的必要性鼓励译者穷尽原文的意义可能，尽可能地逼近原文的"真义"，翻译的不可能性则昭示着译文内在的缺陷。翻译的必要性和不可能性彼此博弈，提供了不同译本层出不穷的内在动力。不同的英译本化身为《孙子兵法》英译这个大文本的一部分，在发掘原文文本意义可能的同时，又为其注入新的意义。新的译本不断涌现，吸引人们对于《孙子兵法》的持续关注，在英语世界中延续着原文的生命。

《孙子兵法》作为具有代表性的中国古代军事文化典籍，其英译经历了时空的双重变迁。在时间方面，《孙子兵法》英译迄今已经历百年历史。在此期间，作为翻译语言，英语自身也在不断发生变化，这间接影响着译者翻译时的用词选择以及在进行音译时的符码选择。而《孙子兵法》已有2000多年的历史，这中间的时间跨度已足以销蚀原文语言的通用性，时间的迟滞表现得尤为明显。字词的意义发生变化，现实所指经历沧桑历史，有的已经不复存在，能指切实地失去了其外在索引，只得在彼此游戏中生成意义。这种情形更为直观地体现了德里达有关能指游戏的表述。在空间方面，《孙子兵法》需要经历语言的迁移，进入异域空间，语言、文化方面的差异同样会影响原文的接收。这样，兵法原文中的一些概念成为文化特色项，在源语与译语的二元对立中变成更为独特的异质性存在，而文化特色项恰恰以其独特性与翻译密切关联起来。一方面，文化特色项是中国古代文化所特有，其概念意

第7章 结论

义即便在现代汉语中也难以找到对等的概念来替代,需要用到大量文字进行解释,伴随着延异的延宕化和空间化,概念只能从能指通向能指,使得追寻"真义"变得艰难,更遑论隶属于不同语系的英语;另一方面,翻译中又难以规避对文化特色项的处理。如果以译语中的词语概念翻译《孙子兵法》中的文化特色项,那么其内涵与外延均会发生变化。而如果不厌其烦地对文化特色项进行解释,则又会违背翻译"量"的原则,失去翻译的经济性,即用数量有限的译语文字做到传情达意。在翻译质与量的二元对立之间,本书第4章选择音译作为研究对象,这是因为,音译处于源语和译语两种语言之间,如同边界,发挥着既连接又阻断的作用。从形式上看,音译是对汉语字词概念的拉丁化转写,但同时又象征着对原文整体概念的保留,而这种保留又要求源语译语间的充分交流。因此,音译本身是翻译但同时又要求翻译,这在一定程度上融翻译的必要性和不可能性于一身。研究中发现,不同译者选择音译的对象不同但又有一定的规律可循,体现着译者对于《孙子兵法》所代表的中国古代文化的认知。在解构主义视角下,音译不再简单地被看作一种翻译手段,已然升华为对翻译中语言转换本质的探讨。音译中涉及的概念整体性与传统的结构性密切相关,音译词项指向汉语中的确切概念,为汉语所独有,意义明确。但从实际情况看,这种结构性在音译中受到瓦解,这在译者多样化的操作实践中得到证明。音译词项进入译语语言之前事先经历了译者筛选的过程,换言之,音译身份的确定有赖于译者的理解和把握。而在音译过程中,音译项又在不同历史时期面临着译者对音译符码的选择。及至进入译语,音译项的理解又需求助于文本语境和读者的解读。如此,这些原文中理应有具体所指且意义明确、有着统一结构的词项在译文中也呈现出多元化的面貌。音译过程亦成为瓦解原有概念结构并进行重新建构的过程。

古往今来,一些中文字符的确切所指含义已无从考证,人们无法为其赋予"唯一正确"的值,文字符号往往代表的是一个意义集合,存在多种解释的可能。该意义集合也就是德里达所言能指游戏的场和空间,意义起源处即是延异。在翻译尚未介入之前,能指处于一种不确定状态,这也是能指的常态。但当翻译介入后,该过程以新的能指系统(译语)替代原有的能指系统(源语)。而由于译语和源语的意指方式不同,译者一方面需要对源语所指进行明确,该过程也就意味着压制和抹除了原文能指的一部分声音;另一方面,由于引入了新的能指体系,又会为译文增添一些原文并不具备的意义。这个过程以新的多义性取代原有的多义性。语言变换所产生的这些意义效果超出了译者的控制,译者也无法控制译文读者对于译文的新的解读。本书第 5 章以《孙子兵法》中一段文字的翻译为案例,探讨了文字意义的变迁,及其对后人解读所产生的影响。解构主义视角下的文本成为能指游戏进而生成意义的场所,为不同解读提供了空间,但同时解读应遵循一定的规则,解构主义并不为胡读、乱读背书。正是因为文本的开放性,《孙子兵法》才有了这么多译本的可能。反过来,如此众多的译本也证明了《孙子兵法》文本的开放性。《孙子兵法》文本的意义可能性也在召唤不同译者在不同时期出于不同目的进行对其文本意义的探索和追求,又进而促成了新译本的诞生,成为译本层出不穷的内在动因。语言不可以简单地进行形式与内容的二元划分,翻译也并不像人们简单印象当中的那样,仅是把一种语言中的内容(意义)用另一种语言表达出来。意义并非独立于语言的先在,而是语言的表达效果。"解构主义认为不可厚此薄彼,因为形式和内容作为语言的意指方式,是有机同一体的组成部分。意指方式的任何改变都会破坏同一体的完美。"(张永喜,2006:57)由于语言载体的变化,意义也必然发生变化。《孙子兵法》各英译本并非汉语原文在英语中的翻版或者镜像,更像是历经语言转换这道滤镜过滤之后的产物。换用本雅明"圆与切线"的比喻,如果把原作比喻为圆,那么译者经过对多方面因素的综合考虑而确定下来的翻译策略与方法就是直线与圆相切的点,该点决定了切线也即译文后续前进的方向,译文自成一个有机的整体。众多译本延展既有的圆并对其进行补充,这既促成了原文这个圆的再生,也实现了源语与译语的共同"生长"。

  对于二元对立关系的消解和转化是解构主义的一个恒久议题,而替补则是完成该过程重要的方式手段。在传统译论中,译文从属于原文,译文副文本从属于译文,副文本处于相对隐身的地位。那么相对于原文而言,译文副文本则是副文本的副文本。本书第 6 章以《孙子兵法》各译本中的副文本为研究对象,具体分析译本副文本对于译本、原文乃至中国文化和形象的塑造作用。译本的译序和前言是我们了解译者对于原作以及源语文化认知的有效途径,还能提供译者翻译策略和翻译方法等重要信息。译文的脚注是对译文的重要补充,可以对译文做出解释,也可以提供不同的理解和译法。这些说明了译文本身的不足和不完整性,需要注释加以补足。译本的封面设计、插图安排和文字排版等副文本信息对读者解读也起着重要的作用,从侧面说明翻译不是简单的文字转换。副文本遵循替补的逻辑,对译文进行补充和替换,以丰富译文内容和意义,在促进译本多样性的同时,塑造出不同的原文和源语文化的意象。

讨论《孙子兵法》英译,避免不了中外译者译本的比较,本书也在各章研究中进行了不同程度的对比,但重在比较译者的不同翻译策略及其背后的动因,无意于分出优劣高下。其实,人为地区分中外译者的译本并把它们对立起来,这种做法也有二元对立的思想从中作怪。中外译者的成长背景、翻译目的各有不同,翻译策略和方法上也有所侧重,因此,并不能苛求他们的译本趋同,百花齐放才能营造出《孙子兵法》英译本众彩纷呈的局面。综合来看各家的翻译,不管是中国译者完成的译本,还是外国译者的译本,它们都是构成《孙子兵法》英译连续统或大家族(family)的一部分。经由这些不同的翻译,《孙子兵法》以更加多样性的姿态呈现于世人面前。一个译本再完美也有其不足之处,而劣质的译本也有其可取之处。但是,一个译本中的可取之处未必能够见容于另一个译本,因为译本的整体风格等因素限制了其他变通的可能。

在对待西方译者翻译的问题上,针对同一译者的同一译作,从不同的角度出发也可能会得出不同的认识和结论。例如:马红军(2003)整理了前人对于赛珍珠译《水浒传》的研究,梳理出"文化陷阱""误读""死译""超额翻译""亏损""偏离"等一些标签,但其目的是为了给赛珍珠正名,旨在说明赛珍珠的翻译选择有其自身的理由和合理性,对于赛珍珠翻译的研究不可以偏概全,不能只从"放屁"一个译例就来否定她的翻译实践。很明显,马红军对赛珍珠的翻译选择是持支持态度的。蒋骁华对马红军的上述梳理内容进行了引用,但却从东方主义的角度出发,对赛珍珠的翻译予以贬抑,认为赛珍珠的翻译迎合了西方读者对于中国人的刻板偏见,并成功地使西方读者产生了"在读原文的幻觉"(蒋骁华,2008:14)。可见,针对同一译者的翻译,出发点不同,得出的结论也不同。从根本上讲,这还是立场的问题。

在跨文化交流的大背景下,我们可能需要以一种更大的善意来看待西方译者的翻译。需要指出,正是由于西方译者的参与,《孙子兵法》才在西方世界得到了广泛的传播与推广。文化的交流是个循序渐进的过程,不可能一蹴而就,也不能指望通过一两个译本就可以改变西方世界对于中国的刻板印象和偏见。如黄海翔所言,无论西方译者采取的是归化还是异化翻译策略,都不能"准确、全面地传播中华典籍文化"(黄海翔,2011:120-121)。问题不在于策略,而是在于强势西方文化及价值观的影响。那么,我们是否要问,这个"准确、全面"该如何定义,要达到什么样的程度?所以,最终还是要回归到语言解释的问题上。安乐哲(郑建宁,R. T. Ames,2020)就曾主张采用中西结合的方式来从事中国典籍英译的工作。这是因为,中国学者具备理解原文的先天优势,而在译语表达方面,则外国译者拥有天生的语言优势。同时,从译文读者角度而言,外国译者享有天然的亲缘性,更容易得到接受和认可。

因此,从文化交流方面考虑,对于中国典籍翻译,我们还需要秉持一种开放包容的态度。目的语读者只有产生了对中国典籍的兴趣,才会进一步对其进行深入了解。否则,还没有开卷有益,就已经望而却步了,这对于中国传统文化的传播并没有什么好处。同时,只有当代中国做得足够好,才能让人信服,使目标读者产生向中国传统文化寻根溯源的想法和动力,也才能在深入交流的基础上逐步消除西方读者的刻板偏见。毕竟,开始交流才是理解得以进行和深入的第一步。不同的翻译译本打开了中西交流的大门,而不同译本间的对话交流有助于促进中外相互了解。解构主义消解了《孙子兵法》终极解读与翻译的可能,有助于我们以兼容并蓄的态度去看待在不同历史条件下不同译者所推出的译本,从而有利于促进我国的传统思想文化在国际上的传播,进而深化不同文化之间的交流与理解。

在典籍外译的过程中,中国译者和学者应该保持文化自信,以实事求是的态度做好中国文化的推广工作,这样更利于消除中外文化交流的障碍,推动中国以开放包容的姿态走向世界。

7.2 不足与展望

《孙子兵法》英译现象是一座富矿,有很多可以挖掘的内容。但受全书框架的约束,不能过于散漫。本书主体部分分别选择音译、意义衍变、副文本等作为对象和切入点去研究《孙子兵法》的英译,因小见大地去揭示《孙子兵法》英译的一些规

第 7 章 结论

律和现象,这也符合解构主义从一点切入进行解构并重塑关系的一般做法。但同时,这样做的弊端在于,无法以宏大叙事的方式来呈现《孙子兵法》英译的整体画卷。另外,由于途径有限,本书作者并不能获取《孙子兵法》全部英译资源,同时又加上研究本身的限制,只能选取一些具有"代表性"的译本作为研究对象。如前所述,选择过程意味着放弃,也可能压制了一些译本的声音和特色,不过这也为后续研究预留了可能的拓展空间。

《孙子兵法》的英译研究还可以结合语料库的建设来进行。《孙子兵法》初期语料库可以反映出各译本的译文字数、形符类符比、平均句长等一些整体特点,验证翻译共性,使论证有数据支撑,更具说服力。本研究已经初步建成了《孙子兵法》的生语料库。但是,由于并没有进行文本的词性以及其他标注,所以在发掘深度上还有进一步努力的空间。在本研究中,语料库的使用仅发挥了辅助性作用。同时,对于翻译这项充满了创造性的工作,本书作者认为,语料库只能作为一种辅助手段,单纯的数据统计并不能说明译者内在的匠心与灵性,充其量仅能反映大致的规律,进一步的文本细读十分必要。同时,翻译过程研究也是《孙子兵法》英译研究的一个方向。如前文所述,有的学者能充分利用资源,展开与《孙子兵法》英译者的直接对话。这种对话利用类似有声思维法(think-aloud protocols)的研究方法,以追溯的方式挖掘译者的既往经历和感受,从中了解其从事《孙子兵法》翻译的动机、基本策略,从而形成第一手的资料,构成翻译过程研究的新鲜素材,具有较强的说服力。本书第 6 章对译本副文本的解读在一定程度上也具备类似的功效。译者的个体差异和主体性增加了《孙子兵法》英译的变量,也会作为织物纤维构成《孙子兵法》英译本这个大文本的一部分,从而丰富《孙子兵法》多样性的理论依据。当然,翻译过程研究不仅仅局限于此,相关研究可以结合其他可用的方法手段展开。

在解构主义视角下,各译本呈现出千姿百态,这是对《孙子兵法》原文的生发,也是一种基因的传承。其中,因为译者的双语文化积淀、所受环境影响等原因,译文也呈现出各个时期的特色和面貌。译作像是原作与译者联姻的结晶和子嗣,译作中蕴含了二者的"基因"传承。原作通过译者以另一种姿态和面貌继续"存在"下去。

翻译实践过程中,既有所得,也有所失,其中甘苦自知,往往最终成品乃是译者经过深思熟虑后不得已而做出的选择。这个选择本身是痛苦的，也许还有更好的解决办法，但是在译者处理翻译过程中的那时那地，却是译者自认最佳的译法。对此，翻译批评人士不能以后来人的智慧去苛求前人，或者因为在他人译作中发现了瑕疵，就揪住不放。

事实是，任何人就同一原作来做翻译，译作都会千差万别，不可能做到无可挑剔。或者说，即便一个译作大体上是令人满意的，但总有其不足之处，或者与他人观点不尽相同之处。

解构主义之于翻译，不以单一标准去衡量译作。终极翻译、完美译作，这样的概念在解构主义话语体系中并不存在。在翻译实践中，某个译作在有所得的同时，也必有其所失。既然没有所谓的"终极翻译"和"完美译作"，译者在力争改善自己翻译的同时，也要敢于或乐于接受自己的翻译不完美的现实，这或许才是翻译实践的自然生态。

此外，由《孙子兵法》英译的个案研究可以推广开去，针对我国传统文化典籍的外译，不应一味去迎合，但也要注重交流与沟通的有效性。首先是要传出去，使受众群体产生要倾听中国声音的意愿，这样才有继续交流的可能。2019年，金庸的《射雕英雄传》英译第二卷在英国出版发行。出版社推广该书时称其为中国的《指环王》，通过与西方读者喜闻乐见的奇幻文学作品相"格义"，激发他们的阅读及购买欲望。译者张菁在接受采访时称，"我们作为跨文化工作者，是找共同点，而不是一味地强调差异点，只有共同点才会引发共鸣，抓住人心"（张菁，2019）。其次还要注意文化间的差异，由于话语体系不同，发出的声音有可能受到误解、曲解。对此，我们也要做好充分的心理准备。习近平总书记在2013年全国宣传思想工作会议上指出，"要精心做好对外宣传工作，创新对外宣传方式，着力打造融通中外的新概念新范畴新表述，讲好中国故事，传播好中国声音"（龙柏林，2018）。我国传统文化典籍的外译也是"讲好中国故事，传播好中国声音"的重要途径。随着中国的崛起，世界越来越多地把目光投向中国。以《孙子兵法》为代表的古代典籍也成为世界各国追溯当代中国思想根源、了解当代中国的一种途径。我国文化工作者应保持充足的文化自信，这种自信可以概括归纳为：认识文化差异，坚持和而不同，主张实事求是，促进文化交流。

参考文献

奥多德,1991.格里菲思与《孙子兵法》[J].潘嘉玢,译.军事历史(4):38-41.

本雅明,1999.译者的任务[C]//本雅明文选.陈永国,马海良,译.北京:中国社会科学出版社.

布罗迪,等,2005.绝对武器[M].于永安,郭莹,译,北京:解放军出版社.

蔡龙文,宫齐,2011.回顾与展望:我国解构主义翻译研究(2000—2010)[J].兰州大学学报(社会科学版),39(4):143-148.

蔡英杰,2003.《孙子兵法》语法研究[D].合肥:安徽大学.

程虎,2015.《孙子兵法·计篇》文化负载词英译对比研究[J].郑州航空工业管理学院学报(社会科学版),34(3):135-138.

褚良才,2002.孙子兵法研究与应用[M].杭州:浙江大学出版社.

德甲达,2005.巴别塔[M]//陈永国.翻译与后现代性.北京:人民大学出版社,13-41.

德里达,1999.论文字学[M].汪堂家,译.上海:上海译文出版社.

方雪梅,2012.《孙子兵法》莱昂内尔·贾尔斯译本的消解性[D].长沙:中南大学.

葛林,2016.音译的身份[J].解放军外国语学院学报,39(1):137-142.

葛校琴,2002.当前归化/异化策略讨论的后殖民视阈:对国内归化/异化论者的一个提醒[J].中国翻译,23(5):32-35.

葛校琴,2015.副文本翻译中的译本制作者控制:以译本《当中国统治世界》为例[J].山东外语教学,36(1):96-101.

葛校琴,2003.女性主义翻译之本质[J].外语研究(6):35-38.

古棣,戚文,1994.孙子兵法大辞典[Z].上海:上海科学普及出版社.

郭化若,2012.孙子兵法译注[M].上海:上海古籍出版社.

郭建中,1999. 论解构主义翻译思想[J]. 上海科技翻译(4):4-9.

郭建中,2000. 韦努蒂及其解构主义的翻译策略[J]. 中国翻译,21(1):49-52.

哈贝马斯,2004. 现代性的哲学话语[M]. 曹卫东,译. 南京:译林出版社.

何炳棣,2014. 中国思想史上一项基本性的翻案:《老子》辩证思维源于《孙子兵法》的论证[J]. 东吴学术(3):5-18.

何明星,李丹. 海外读者热议中国经典[EB/OL]. (2019-02-22)[2019-03-12]. http://www.chinanews.com/cul/2019/02-22/8761329.shtml.

何香平,2010. 从译者主体性看《孙子兵法》三个英译本[D]. 长沙:湖南师范大学.

胡经之,王岳川,1994. 文艺学美学方法论[M]. 北京:北京大学出版社.

黄海翔,2009.《孙子兵法》复译中的文化误读与译者身份之辨:基于副文本描述的 Minford 译本个案研究[J]. 中州大学学报(2):67-71.

黄海翔,2011. 规范伦理学视角下典籍英译异化策略的再审视:兼评《孙子兵法》Mair 英译本的杂合伦理观[J]. 湖北大学学报(哲学社会科学版),38(2):118-125.

黄立波,2014. 基于语料库的翻译文体研究[M]. 上海:上海交通大学出版社.

黄丽云,2008. 传输中的文化:《孙子兵法》文化负载词英译研究[D]. 福州:福建师范大学.

黄朴民,2008.《孙子兵法》解读[M]. 北京:中国人民大学出版社.

江承志,2011. 历史的谱系:解构主义翻译观之"源"与"流"[J]. 外国语,34(6):72-80.

姜国柱,1998. 道家与兵家[M]. 北京:西苑出版社.

蒋骁华,2008. 东方学对翻译的影响[J]. 中国翻译,29(5):11-18.

蒋骁华,1995. 解构主义翻译观探析[J]. 外语教学与研究.

雷丹,2015. 托马斯·克里瑞《孙子兵法》英译本中的译者主体性研究[D]. 成都:西南交通大学.

李德超,王克非,2011. 译注及其文化解读:从周瘦鹃译注管窥民初的小说译介[J]. 外国语,34(5):77-84.

李桂生,2009.诸子文化与先秦兵家[M].长沙:岳麓书社.

李红满,2001.解构主义翻译理论的发轫:读沃尔特·本雅明的"译者的任务"[J].山东外语教学(1):36-39.

李宏鸿,2015.多声部的和谐:解构主义翻译观研究[M].天津:南开大学出版社.

李晶玉,2015.基于语料库的《孙子兵法》四个英译本翻译风格对比研究[D].聊城:聊城大学.

李零,2012.兵以诈立:我读《孙子》增订典藏本[M].北京:中华书局.

李零,1991.孙子兵法注译[M].成都:巴蜀书社.

李零,1997.吴孙子发微[M].北京:中华书局.

李零,2014.吴孙子发微(典藏本)[M].北京:中华书局.

李龙泉,2009.借鉴与批判:解构主义翻译观专题研究[M].重庆:重庆大学出版社.

李宁,2015.《大中华文库》国人英译本海外接受状况调查:以《孙子兵法》为例[J].上海翻译.

刘桂生,2014."孙子是军事'威慑理论'的鼻祖"说驳议:误解文意因而误释思想内容一例[J].中国文化(2):215-220.

刘桂生,2016.从文字误译到精神扭曲:《孙子兵法》英译本的历史教训[J].读书(12):23-28.

刘桂生,2000.刘桂生学术文化随笔[M].北京:中国青年出版社.

刘骥翔,2009.澄清解构主义翻译思想在中国语境下的相关误读[J].成都大学学报(教育科学版),23(2):74-77.

刘全福,2010.批评视角:我国解构主义翻译研究的本土化进程[J].解放军外国语学院学报,33(1):51-56.

刘育文,2014.解构主义视角下的文学翻译批评[M].杭州:浙江大学出版社.

龙柏林,2018.中华文化走出去的话语具象方式[N].光明日报,07-16.

鲁迅,2005.鲁迅全集(第四卷)·二心集[M].北京:人民文学出版社.

陆扬,2008.德里达:翻译巴别塔[J].文艺争鸣(3):97-101.

罗天,张美芳.孙子兵法翻译研究五十年：回顾与展望[J].翻译季刊 2015 (75)：50-65.

马红军,2003.为赛珍珠的"误译"正名[J].四川外语学院学报,19(3)：122-126.

孟祥德,2007.《孙子兵法》中"势"的语篇意义及英译[D].苏州：苏州大学.

潘嘉玢,刘瑞祥.1991,评格里菲思的《孙子兵法》英译本[J].中国翻译,12(2)：40-44.

邱靖娜,2018.《孙子兵法》英译文功能语境重构研究[D].北京：北京科技大学.

裘禾敏,2011.《孙子兵法》英译研究[D].杭州：浙江大学.

裘禾敏,2015.国内《孙子兵法》英译研究综述[J].孙子研究(6)：76-81.

任荣政,丁年青.2014,音译法在中医英译中的应用原则与策略[J].中国中西医结合杂志,34(7)：873-878.

任荣政,朱玉琴,许琪,等,2012.从玄奘"五不翻"理论解读中医汉英音译[J].上海中医药大学学报,26(5)：16-18.

苏桂亮,李文超,2017.《孙子兵法》百年英译研究：以图书出版为中心[J].中华文化与传播研究(2)：187-205.

孙飞,2014.《孙子兵法》两英译本中译者主体性比较研究[D].哈尔滨：哈尔滨工程大学.

孙武,孙膑,2004.孙子兵法·孙膑兵法：汉英对照[M].林戊荪,译.北京：外文出版社.

孙武,2012.孙子兵法：汉英对照[M].李零,今译；安乐哲,英译.北京：中华书局.

孙子,1998.孙子兵法[M].袁士槟,译.北京：外语教学与研究出版社.

屠国元,吴莎,2011.《孙子兵法》英译本的历时性描写研究[J].中南大学学报(社会科学版),17(4)：187-191.

汪凤,2013.从解构主义视角看葛浩文对莫言小说《丰乳肥臀》的翻译[D].武汉：武汉理工大学.

王克非,黄立波,2008.语料库翻译学十五年[J].中国外语,5(6):9-14.

王铭,2005.20世纪《孙子兵法》英译本研究:以翟林奈与格里菲思为中心[D].北京:清华大学.

王宁,2009.翻译研究的文化转向:解构主义的推进[J].清华大学学报(哲学社会科学版),24(6):127-139.

王姗姗,2011.生态翻译学视角下的《孙子兵法》英译研究:以闵福德和林戊荪译本为例[D].开封:河南大学.

王帅,2010.功能目的论视角下《孙子兵法》英译本对比分析[D].哈尔滨:哈尔滨工业大学.

王晓琴,2012.从阐释学角度对《孙子兵法》两个英译本的文学误译研究[D].太原:太原理工大学.

王一多,2012.译学视域内不确定性中的确定性[J].外语研究(6):76-80.

王颖冲,2011.再论德里达的"relevant"translation[J].中国翻译,32(5):11-19.

文军,李培甲,2012.国内《孙子兵法》英译研究:评述与建议[J].英语教师,12(7):2-9.

吴九龙,1996.孙子校释[M].北京:军事科学出版社.

吴如嵩,1993.孙子兵法辞典[Z].沈阳:白山出版社.

吴莎,2012.跨文化传播学视角下的《孙子兵法》英译研究[D].长沙:中南大学.

项东,王蒙,2013.中国传统文化文本英译的音译规范刍议[J].中国翻译,34(4):104-109.

谢道挺,2010.《孙子兵法》英译本译者主体性蠡测:以翟林奈、闵福德二译本为中心[J].漳州师范学院学报(哲学社会科学版),24(1):119-122.

熊剑平,王敏,2018.《孙子兵法》导读[M].北京:当代中国出版社.

熊剑平,2010.《孙子》著录考[J].军事历史(5):32-37.

熊剑平,2015.简本与传本《孙子》篇次考察[J].军事历史(3):57-61.

杨丙安,2012.十一家注孙子校理[M].北京:中华书局.

杨柳,2007.解构主义翻译观在中国的理论"旅行"[J].外国语,30(3):60-66.

杨敏,2007.从译者主体性角度看《孙子兵法》英译本的多样性[D].武汉:华中师范大学.

杨玉英,2012.英语世界的《孙子兵法》英译研究[M].成都:四川大学出版社.

张爱华,2003.从接受理论角度论重译现象:《孙子兵法》两个英译本的比较研究[D].北京:对外经济贸易大学.

张菁,2019.专访《射雕英雄传》英文版译者:让西方读者过瘾痛快[Z].公众号"翻译教学与研究".

张玲,2013. Translation Peripheries: Paratextual Elements in Translation 述评:翻译研究的副文本视角[J].上海翻译(2):77-80.

张其海,2019.《孙子兵法》英译研究:现状、问题与展望[J].南京工程学院学报(社会科学版),19(4):7-12.

张琦,2012.《孙子兵法》两个英译本中文化负载词翻译的比较研究[D].济南:山东师范大学.

张婉丽,2013.基于语料库的《孙子兵法》军事术语英译研究:以林戊荪译本和格里菲斯译本为例[D].大连:大连海事大学.

张霄军,2010.德里达翻译思想:回归、转变还是其他?[J].外语研究(2):77-81.

张晓君,2014.勒弗菲尔诗学理论关照下《孙子兵法》两译本对比研究:以贾尔斯和格里菲斯的英译本为例[D].兰州:西北师范大学.

张永喜,2006.解构主义翻译观之再思[J].外语研究(6):55-58.

章国军,2013.误读理论视角下的《孙子兵法》复译研究[D].长沙:中南大学.

赵一凡,2007.从胡塞尔到德里达:西方文论讲稿[M].北京:生活·读书·新知三联书店.

郑建宁,AMES,2020.《孙子兵法》研究、翻译及其他:安乐哲教授访谈录[J].外语研究,37(1):1-6.

郑建宁,2019.《孙子兵法》译史钩沉[J].西北民族大学学报(哲学社会科学版)(5):178-188.

中国人民解放军总参谋部军训和兵种部.孙子兵法军官读本[M].北京:解放军出版社,2005.

Aixelá,1996. Culture-specific Terms in Translation[C]// Román Álvarez,

M. Carmen-África Vidal. Translation, Power, Subversion. Clevedon: Multilingual Matters Ltd.

Benjamin, 2012. The Translator's Task[C]//Lawrence Venuti. The Translation Studies Reader. New York: Routledge.

Beres, How Sun Tzu Might Approach US Nuclear Strategy[EB/OL]. (2018-07-06)[2019-02-28]. https://besacenter.org/perspectives-papers/nuclear-strategy-sun-tzu.

Davis, 2004. Deconstruction and Translation[M]. Shanghai: Shanghai Foreign Language Education Press.

De Man, 2002. The Resistance to Theory[M]. Minneapolis & London: University of Minnesota Press.

Derrida, 1985. Des Tours de Babel[C]//Joseph F. Graham. Difference in Translation. Ithaca & London: Cornell University Press.

Derrida, 1988. Limited Inc[M]. tr. Samuel Weber. Evanston, IL: Northwestern University Press.

Derrida, 1982. Margins of Philosophy[M]. tr. A. Bass. Brighton: The Harvester Press.

Derrida, 1997. Of Grammatology[M]. tr. G. C. Spivak. Baltimore and London: The Johns Hopkins University Press.

Derrida, 1981. Positions[M]. tr. A. Bass. Chicago: The University of Chicago Press.

Genette, 1997. Paratexts: Thresholds of Interpretation[M]. tr. J. E. Lewin. New York: Cambridge University Press.

Gentzler, 2004. Contemporary Translation Theories[M]. 2nd ed. Shanghai: Shanghai Foreign Language Education Press.

Hermans, 1996. The Translator's Voice in Translated Narrative[J]. Target, 1996.

Lucy, 2004. A Derrida Dictionary[Z]. Oxford: Blackwell Publishing.

Miller, 1979. The Critic as Host[C]// Harold Bloom. , et al. Deconstruction and Criticism. New York: Seabury Press.

Newmark, 1998. A Textbook of Translation[M]. New York: Prentice Hall.

Newmark, 1998. More Paragraphs on Translation[M]. Clevedon: Multilingual Matters Ltd.

Nida, 1975. Language Structure and Translation[M]. California: Stanford University Press.

Olson, Worsham, 2000. Changing the Subject: Judith Butler's Politics of Radical Resignification[J]. JAC(4): 727-765.

Robinson, 2007. Translation and Empire: Postcolonial Theories Explained [M]. Beijing: Foreign Language Teaching and Research Press.

Schenoni, 2018. The Argentina-Brazil Regional Power Transition[J]. Foreign Policy Analysis(4): 469-489.

Sun Tzu, 1963. The Art of War[M]. tr. Samuel B. Griffith. London: Oxford University Press.

Sun Tzu, 1994. Art of War[M]. tr. Ralph D. Sawyer. Colorado: Westview Press.

Sun Tzu, 2001. The Art of War[M]. tr. The Denma Translation Group. Boston & London: Shambhala.

Sun Tzu, 2003. The Art of War[M]. tr. Thomas Cleary. Boston: Shambhala.

Sun Zi, 2007. The Art of War: Sun Zi's Military Methods[M]. tr. Victor H. Mair. New York: Columbia University Press.

Sun-Tzǔ, 1910. Sun-Tzǔ on the Art of War: The Oldest Military Treatise in the World[M]. tr. Lionel Giles. London: Luzac & Co.

Sun-Tzu, 2008. The Art of War[M]. tr. John Minford. London: Penguin Books.

Sun-Tzu, 2009. The Art of War[M]. tr. John Minford. London: Penguin Books.

Sun-Tzu, 1993. The Art of Warfare[M]. tr. Roger T. Ames. New York: The Random House.

Suntzu, 1908. The Book of War: The Military Classic of the Far East[M]. tr. E. F. Calthrop. London: John Murray.

Tahir-Gürçağlar, 2002. What Texts Don't Tell: The Uses of Paratexts in Translation Research[C] // Theo Hermans. Crosscultural Transgressions. Research Models in Translation Studies 2: Historical and Ideological Issues. Manchester: St. Jerome Publishing.

Venuti, 1992. Rethinking Translation: Discourse, Subjectivity, Ideology[M]. London: Routledge.

Venuti, 1995. The Translator's Invisibility: A History of Translation[M]. London: Routledge.

Waldron, 1994. China's Military Classics[J]. JFQ(1): 114-117.